KB260113

천국보다
깨달음이 있는
에피소드
높은 곳

초판 1쇄 | 2009년 12월 1일

지은이 | 장순용
펴낸이 | 최은주
펴낸곳 | 카스트로폴리스

출판등록 | 2009년 8월 25일(제25100-2009-000028호)
주소 | 경기도 의정부시 가능3동 브라운스톤 109-1801
전화번호 | (기획·편집) 031-838-8868
          (마케팅·영업) 02-466-1207
팩스번호 | 02-466-1301

판매처 | (주)북스컴, Bookscom, Inc.

ISBN : 978-89-963439-0-5 03190

값은 표지 뒷면에 있습니다.
잘못 만들어진 책은 구입처나 본사에서 교환해 드립니다.

천국보다 높은 곳

깨달음이 있는
에피소드

장순용 지음

마스트로폴리스

　　　　　우리가 바라마지 않는 부와 성공이 과연 행복한 삶의 척도일까? 평생의 노력 끝에 크나큰 부를 이룬 부호라고 해서 오늘 잡은 물고기에 만족하는 어부보다 더 기쁜 삶을 누리는 것은 아니다. 당신은 부와 성공을 이루어서 행복하다고 느끼지만, 그 행복은 당신 마음이 부와 성공을 즐기면서 비롯된 것이지 부와 성공 자체에서 나오는 것은 아니다. 말하자면 행복은 전적으로 외적 대상이 아닌 마음에 달린 것이라 할 수 있다.

　그래서 부와 성공으로 채울 수 없는 보다 본질적인 삶을 찾아서 사람들은 교회나 성당, 절과 모스크를 다닌다. 그곳에서 감사, 기도, 사랑, 순종, 헌신, 봉사, 영생, 믿음, 깨달음, 인욕 등과 같은 정신적인, 혹은 영적인 가르침을 받아서 인생의 지표로 삼으며, 나아가 이를 통해 영원한 삶과 행복을 희구한다. 그러나 이 훌륭한 종교적 가르침도 수많은 세월이 흐르는 동안 인간의 자기중심적인 에고에 의해 왜곡되고 오염되면서 본래의 뜻이 상당히 퇴색하고 있다.

　이 책에 담긴 에피소드에서는 일반적인 교훈만이 아니라 인간 에고
의 속성과 종교적 가르침의 정수를 비유를 통해, 풍자를 통해, 비판을
통해, 역설을 통해, 그리고 직접적인 가르침을 통해 다시 드러내고 있
다. 기독교의 목사, 카톨릭의 신부, 불교나 선의 고승, 이슬람의 신비
주의 수행자 수피, 유태교의 랍비 등의 일화를 통해 우리는 진정한 삶
이 무엇인지 되돌아 볼 수 있다.

　따라서 이 책에 담긴 내용은 일상에 유용한 정보나 생활에 편리한
지식을 제공하는 것과는 거리가 멀다. 오히려 각각의 에피소드를 통
해 독자는 자신의 마음이나 인생에 대한 태도를 비추어 볼 수 있다.
에피소드 하나하나에 담긴 메시지가 독자의 가슴속에 씨앗으로 뿌려
지길 기대하지만, 그러기 위해서는 이 에피소드를 '머리로 읽지' 말고
'가슴으로 만나야' 한다.

장순용

차 례

제3장 | 그림자를 쫓는 아이

제1장
웃음의 땅

생명의 샘

영생의 샘을 찾는 데 자신의 일생을 바치기로 결심한 사람이 있었다.

"난 영생의 샘물을 마실 거야……. 그리고 모든 인류에게 그 샘물을 나눠줘야지."

몇 년이 흐른 뒤, 그는 드디어 영생의 샘을 발견했다. 그는 마시고, 마시고, 또 마셨다.

놀랍게도 청춘의 젊음이 되돌아왔다. 그래서 샘물을 계속 마셨고, 마실수록 점점 젊어졌다. 마침내 그는 샘물가에 누워 칭얼거리는 아기가 되었고, 그러고도 더 마시겠다고 울어댔다.

한 여인이 근처를 지나다가 아기를 발견하고는 집으로 데려가 키웠다.

결국 그는 영생의 샘이 있는 곳을 어느 누구에게도 말할 수 없게 되었다.

욕망은 되돌아온다.
우리 내적 중심에 있는
신성의 본질에 대해 무지할 때는
그 즉시.

기도(1)

어느 날 늦은 저녁이었다. 한 가난한 농부가 시장에서 돌아오다가 기도서를 빠트리고 나왔다는 걸 깨달았다. 그때, 숲 한가운데에서 그만 수레바퀴가 빠지고 말았다. 그 상황에서 농부는 도저히 기도를 하지 않을 수 없었다.

그래서 이렇게 기도했다.

"주여, 전 매우 어리석은 짓을 저질렀습니다. 오늘 아침 집에서 나올 때 기도서를 깜빡했지 뭡니까? 제 기억력으로는 기도서 없이는 단 한 줄의 기도문도 외울 수 없습니다. 그래서 전 이렇게 하렵니다. 제가 알파벳을 아주 천천히 다섯 번 외울 테니, 온갖 기도를 잘 알고 있는 당신께서 제가 기억하지 못하는 기도를 완성하는 데 그 문자들을 사용하소서."

주‡가 천사에게 말했다.

"오늘 난 모든 기도 중에서 최고의 기도를 들었네. 왜냐하면 그 기도는 아주 단순하고도 진지한 가슴으로부터 나왔기 때문이지."

기도는 하나의 태도이다. 기도할 수 있는 능력, 즉 신에게 고개 숙이는 능력만으로도 충분하다.

기도(2)

젊은 시절 나는 혁명가였다. 당시 하느님께 올리는 나의 기도는 전부 이런 것이었다.

"주여, 내게 세상을 개혁할 힘을 주옵소서."

중년이 되자, 단 한 사람의 영혼도 바꿔놓지 못한 채 반생이 흘렀음을 깨달았다. 그래서 나의 기도는 이렇게 바뀌었다.

"주여, 내가 만나는 모든 사람들을 변화시킬 수 있는 은총을 주소서. 그저 가족과 주변 사람들만 개심시켜도 좋겠나이다."

이제 노인이 되어서 죽을 날이 가까워오자, 난 내가 얼마나 어리석었는지 깨닫기 시작했다. 지금은 오직 한 가지, 나의 유일한 기도는 다음과 같다.

"주여, 나 자신을 고칠 수 있는 은총을 주옵소서."

누구나 어느 정도는 사회를 변화시킬 생각을 한다. 그러나 먼저 자기를 변화시켜야 한다는 생각은 좀처럼 하지 않는다.

천국보다 높은 곳

매주 안식일 전야마다 사라지는 랍비가 있었다. 사람들은 랍비가 비밀리에 전지전능한 분을 만나고 있다고 의심했다. 그래서 대표를 뽑아 랍비의 뒤를 따르게 했다.

그 대표자가 본 내용은 이렇다;
랍비는 농부의 옷으로 갈아입고 변장을 한 후, 한 여인이 사는 오두막을 찾았다. 그는 신체장애가 있는 이교도 여인을 위해 방을 청소하고 안식일 음식도 준비하면서 봉사를 하고 있었다.

자신들이 보낸 대표가 돌아오자 사람들이 물었다.
"랍비는 어디로 가던가? 그가 천국으로 올라가던가?"
"아뇨." 대표가 대답했다. "천국보다 더 높은 곳으로 갔습니다."

예수는 '신은 사랑'이라고 했다. 사랑의 헌신은 그 어떤 종교적 수행보다 존재의 근원에 훨씬 빨리 다가간다.

심판

온갖 잡동사니를 팔면서 살아가는 늙은 수피가 있었다. 사람들은 자주 그에게 가짜 돈을 지불했지만, 그는 불평 한마디 없이 그 돈을 받았다. 또 사람들이 이런저런 변명을 늘어놓아도 수피는 무조건 그들의 말을 받아들였다. 마치 어떤 판단도 하지 않는 사람처럼 보였다.

나이가 들어 죽을 때가 임박하자, 그는 눈을 들어 하늘을 쳐다보며 말했다.

"오, 신이여! 전 사람들에게서 수많은 가짜 돈을 받았습니다. 하지만 전 한 번도 마음속에서 그들을 심판한 적이 없습니다. 전 사람들이 자신이 무슨 짓을 하고 있는지 모르고 있다고 생각합니다. 저 역시 가짜 돈입니다. 부디 절 심판하지 마옵소서."

그때 어떤 목소리가 들려왔다.

"남을 심판하지 않는 자를 무슨 재주로 심판할 수 있겠는가?"

사람들은 타인에 대해선 너무나 자주 판단하고 비방하지만, 정작 자기 자신을 판단하고 반성하는 데는 매우 인색하다.

방하放下—내려놓기

포대 화상은 뚱뚱한 몸집에 항상 웃는 얼굴이었다. 지팡이 끝에다 큰 포대 자루를 짊어지고 다녔기 때문에 사람들은 그를 포대화상이라고 불렀다. 그는 포대 속에다 온갖 과자나 장난감 등을 넣고는 마을을 돌아다니며 아이들에게 나눠 주었다. 어느 날 사람들이 포대 화상에게 물었다.

"스님은 최고의 깨달음에 도달한 분이라고 들었습니다. 하지만 이런 장난 같은 행동은 도저히 이해할 수가 없군요. 어째서 귀한 시간을 아이들과 노는 데에만 허비하고 계십니까? 진정 스님이 스승이시라면 우리에게 선禪의 정수를 보여 주십시오."

말이 끝나자마자, 포대 화상은 포대 자루를 땅에다 쿵 소리가 나도록 내려놓고는 이렇게 말했다.

"바로 이거야! 이게 선의 정수지."

사람들은 무슨 뜻인지 몰라 어안이 벙벙해져 서로 얼굴만 쳐다보고 있었다. 그러자 포대 화상이 다시 말했다.

"이게 내가 보여주고자 하는 전부일세. 내가 짐을 내려놓았듯이 그대들도 짐을 벗도록 하게."

사람들이 물었다.

"그러고 나서는 무얼 해야 합니까?"

포대 화상은 아무 말 없이 포대를 짊어지고는 발을 내디디면서 말했다.

"이게 바로 다음 일이지. 하지만 난 짐을 짊어지고 있는 게 아닐세. 난 이 짐이 나의 짐이 아니란 걸 알고 있으니까 말이야. 이제 내겐 이 세상의 모든 짐이 단지 어린이를 위한 장난감이 되어버렸네."

사람들은 때로 포대 화상을 미친 사람으로 취급하기도 하고 짓궂은 아이들은 막대기로 때리기도 했지만, 그러나 그는 늘 웃음으로 받아넘기면서 일생을 떠돌며 지냈다.

*

포대 화상의 시 한 수를 소개한다.

"바루 하나로 집집마다 밥을 빌면서
외로운 몸은 만리를 떠도누나.
사람을 알아보는 눈 푸른 이 적으니
흰구름에게 갈 길을 물어볼까나."

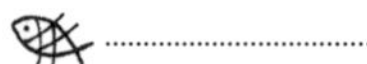

짐을 내려놓은 자만이 진정으로 짐을 질 수 있는 법이다.

방하-내려놓기(2)

한 왕이 붓다에게 공양을 바치기 위해 찾아갔다. 한 손에는 매우 귀한 보석을 들고 다른 한 손에는 아름다운 꽃을 들고 있었는데, 그는 붓다에게 가면서 이렇게 생각했다.

'아마 부처님은 이 보석을 받으려고 하지 않겠지. 그땐 이 꽃을 드려야지.'

왕은 붓다에게 절을 하면서 먼저 보석을 발아래에 바쳤다. 그러자 붓다가 왕에게 말했다.

"버리시오!"

순간 왕은 '역시 보석은 받지 않으시는군' 하면서 이번에는 꽃을 바쳤다. 붓다가 다시 말했다.

"버리시오!"

그러자 왕은 붓다의 발아래 절을 했다. 붓다가 다시 말했다.

"버리시오!"

왕은 당황하여 어쩔 줄 몰랐다. 그 모습을 본 붓다는 빙그레 웃으면서 왕에게 말했다.

"이런 것들은 다 필요 없습니다. 왕의 입장에선 보석 따윈 쉽게 버릴 수 있으며 꽃도 마찬가지입니다. 중요한 것은 이런 것들을 버리는 게 아닙니다. 바로 왕인 당신 자신을 버릴 줄 알아야 합니다. 자기 자신을 버릴 줄 모르는 사람은 그 어떤 것을 버린다 해도 소용없는 일입니다."

새벽은 언제 오는가?

한 스승이 제자들에게 물었다.
"너희들은 언제 밤이 끝나고 새벽이 시작되는지 말할 수 있는가?"
한 제자가 답했다.
"멀리서 동물을 보고, 그것이 암소인지 말인지 말할 수 있을 때입니다."
"틀렸다."
스승이 말했다.
"멀리서 나무를 보고, 그것이 망고 나무인지 바나나 나무인지 말할 수 있을 때입니다."
"너도 틀렸다."
"그럼 어떤 때입니까?"
제자들이 스승에게 물었다.
"너희들이 어떤 사람의 얼굴을 보고, 그가 네 형제임을 깨달을 때다. 너희들이 어떤 여인의 얼굴을 보고, 그녀가 네 자매임을 깨달을 때다. 너희들이 그렇게 할 수 없다면, 태양이 어느 시각을 가리키더라도 여전히 밤이리라."

 ....

대낮에도 촛불을 들고 다닌 철학자가 있었다. 사람들의 대낮이 그에겐 캄캄한 밤으로 보였기 때문이다.

죄

　마을의 한 노부인이 신의 현현을 목격했다고 말했다. 그러자 그 지방의 신부는 믿을 만한 증거를 제시하라고 요구했다.

　"다음번에 신이 다시 나타나면, 신에게 나의 죄를 말해달라고 하시오. 신만이 알고 있는 나의 죄를 말이요. 그거면 충분한 증거가 될 겁니다."

　한 달 뒤에 노부인이 다시 왔다. 신부는 신이 다시 나타났는지 물었다. 그녀는 신이 다시 나타났다고 말했다.

　"그럼 신에게 그 질문을 했나요?" 신부가 물었다.

　"예, 했습니다."

　"신께서 뭐라고 말씀하시던가요?"

　"'난 이미 네 죄를 잊었다'고 하시던데요."

　예수는 죄를 용서하러 온 것이지 죄를 상기시키러 온 것은 아니다. 그런데도 사람들은 너무나 자주 타인의 죄를 들먹인다.

진정한 사랑

아름다운 말을 소유한 왕이 있었다. 그런데 다른 부족의 추장이 그 말을 열렬히 사고 싶어했다. 추장은 말을 주는 대가로 낙타를 여러 마리 주겠다고 했지만, 왕은 말을 내주려고 하지 않았다. 너무나 화가 난 추장은 속임수를 써서 말을 가로채기로 결심했다.

추장은 왕이 그 말을 타고 늘 똑같은 길을 다닌다는걸 알고 있었다. 그래서 병든 거지로 변장해서 길옆에 누워 있었다. 왕은 아주 다정한 마음을 가진 사람인지라 거지를 보자 연민을 느꼈다. 말에서 내린 왕은 거지를 여인숙으로 옮기려 했다.

"아!" 거지가 외쳤다. "전 며칠이나 굶어서 일어설 힘도 없습니다."

그래서 왕은 그를 부드럽게 들어올려 말 위에 태웠다. 변장한 거지는 안장에 앉자마자 전속력으로 내달렸다. 왕은 그를 쫓아가면서 큰소리로 멈추라고 했다. 추장은 멀찌감치 달아나 안전거리를 확보한 뒤에 돌아다보았다.

"넌 내 말을 훔쳤지만," 왕이 소리쳤다. "난 네게 한 가지만 요구하겠다."

"그게 뭡니까?" 추장이 뒤를 보며 소리쳤다.

"그 말을 어떻게 차지했는지 아무에게도 말하지 말게나."

"왜죠?"

"왜냐하면 언젠가 정말로 아픈 사람이 길가에 누워 있을 수도 있는데, 자네의 속임수가 알려지면 사람들이 도와주지 않고 그냥 지나칠 수도 있기 때문이야."

진정한 사랑은 한없는 관용이다.

복종의 믿음

티베트의 고승 미라레빠가 스승을 찾기 위해 여기저기 방랑하던 시절의 애기다. 언젠가 그는 어떤 스승을 찾아갔는데 공교롭게도 깨달음을 얻지 못한 가짜 스승이었다. 미라레빠가 물었다.

"어떻게 하면 됩니까?"

가짜 스승이 말했다.

"내게 복종하라. 스승에게 완전히 복종하라."

"예, 복종하겠습니다."

미라레빠는 너무나 겸허하고 순수했기 때문에 다른 제자들은 그가 스승의 뒤를 이을 거라고 생각했다. 미라레빠를 시기한 제자들은 마침내 그를 음해하기 위해 스승에게 이렇게 말했다.

"저 사람이 이토록 쉽게 복종하는 건 다른 속셈이 있어서일 겁니다. 스승님과 저희들이 한번 시험해보는 것이 좋겠습니다."

"어떤 방법으로 시험하는 게 좋으냐?"

"절벽에서 골짜기로 뛰어내리라고 하십시오. 만약 뛰어내리면 스승의 명에 복종하는 것이지만 뛰어내리지 않는다면 스승을 기만하는 것이 됩니다."

스승의 명에 의해 절벽에 서게 된 미라레빠는 아무 주저 없이 뛰어내렸다. 제자들이 우르르 절벽 밑으로 달려가서 주변을 살펴보다가 깜짝 놀랐다. 산산조각이 났어야 할 미라레빠가 조용히 앉아서 좌선을 하고 있는 것이 아닌가? 제자들이 어찌된 영문이냐고 묻자 미라레빠가 그들에게 말했다. "저는 모릅니다. 단지 당신들의 말대로 따랐을 뿐입니다. 정말 말씀하신 대로 믿음이 기적을 일으켰습니다."

제자들은 이건 우연이라고 생각했다.

그 후 어느 날 마을의 어떤 집에서 불이 났다. 제자들은 이때다 싶어 미라레빠에게 말했다.

"자네가 스승에 대한 믿음이 깊다면 저 불 속에도 들어갈 수 있겠지?"

미라레빠는 스스럼없이 불 속으로 들어갔다. 얼마 후 집은 다 타서 잿더미가 되었다. 미라레빠가 죽었을 거라고 생각하던 제자들은 다시 눈이 휘둥그레졌다. 죽었어야 할 미라레빠가 고요히 앉아서 명상에 잠겨 있는 것이 아닌가?

스승이 물었다.

"어떻게 또 그런 일을 할 수 있었느냐?"

"전 모릅니다. 이 일을 행한 것은 제가 아니라 스승님입니다. 그래서 저는 스승님에 대한 믿음이 더욱 견고해졌습니다."

제자들은 마지막 시험으로 미라레빠에게 강 위를 걸어보라고 했다.

"자넨 크나큰 믿음이 있으니까 물 위를 걸어갈 수 있겠지."

미라레빠는 서슴지 않고 강물 위로 발을 내딛었다. 놀랍게도 그는 물 위를 걷고 있었다. 이 광경을 보고 있던 스승은 이렇게 생각했다.

'이 무지막지한 애가 나에게 복종하고 나를 믿는 마음으로 이런 일을 할 수 있다면, 나라고 어찌 못하겠는가?'

스승은 단단히 마음을 먹고 강물에 뛰어들었다. 그러나 그는 다시는 떠오르지 않았다.

믿음이 깊다면 엉터리 스승 밑에서도 깨달을 수 있으며, 반대로 믿음이 없다면 깨달은 스승 밑에서도 아무 이익이 없을 것이다.

천국의 열매

한 여인이 천국의 열매에 관심이 있었다. 그녀는 어떻게 해서든 그 열매를 손에 넣고 싶었다.

어느 날 여인은 수행자 사바에게 가서 천국의 열매를 얻는 방법을 물었다.

"어떻게 해야 제가 천국의 열매를 얻을 수 있나요? 그 열매를 먹으면 세상에서 가장 뛰어난 사람이 될 수 있다고 들었습니다."

"나와 함께 있으면, 그 열매를 얻는 방법을 배울 수 있을 거요. 그러나 나와 함께 있고 싶지 않다면 다른 곳으로 가서 물어보시오. 아마 어떤 곳을 찾아가도 그 지식을 얻을 순 없을 거요."

여인은 수행자 사바를 떠나서 다른 곳을 찾아갔다. 그리고 또 다른 곳으로, 또 다른 곳으로……. 이런 식으로 그녀는 천국의 열매를 찾기 위해 온갖 곳을 돌아다녔다. 하지만 어디에도 그 열매를 얻는 방법을 아는 사람은 없었다.

어언 30년이 지난 어느 날, 여인은 마침내 어떤 정원을 찾게 되었다. 바로 그 정원에 여인이 애타게 찾던 천국의 나무가 있었으며, 가지에는 천국의 열매가 매달려 있었다.

그런데 나무 옆에는 여인이 천국의 열매를 얻는 방법을 배우려고 맨 처음 찾아갔던 수행자 사바가 서 있었다. 깜짝 놀란 여인이 따지듯이 물었다.

"왜 저에게 당신 자신이 천국의 열매를 지키는 사람이라고 말하지 않았죠?"

수행자 사바가 대답했다.

"설사 내가 그런 말을 했다 해도 당신은 믿지 않았을 겁니다. 천국의 열매는 30년 하고도 30일이 지나야 한 번 열매를 맺기 때문이죠. 열매를 보기 위해 30년을 기다리라고 했다면 참고 기다렸겠어요?"

기다림은 욕망이라기보다는, 다만 무엇이든 받아들이기 위한 온갖 마음의 준비여야 한다.(앙드레 지드)

지성과 순종

　유명한 수피에게 두 젊은이가 찾아와 제자가 되고 싶다고 말했다. 수피 스승은 3개월 동안 두고 보겠다고 말하면서 그들이 머물도록 허락했다.

　그러나 3개월이 다 되어가는데도 스승은 그들에게 아무런 임무도 주지 않았다. 말도 건네지 않았고 또 모임에도 데려가지 않았다. 마침내 3개월이 다 되자, 수피 스승은 그들을 데리고 정원으로 가서 말했다.

　"자네들, 밖에 나가 낙타가 있는 곳으로 가게나. 그리고 낙타를 이곳으로 끌고 와서 낙타들이 벽으로 걸어가도록 해보게나."

　기상천외한 질문에 첫 번째 제자가 대답했다.

　"선생님, 전 선생님께서 저희들을 시험하고 계신다는 것을 알고 있습니다. 선생님의 질문에 저희가 어떻게 대답하는지 보시려는 거죠. 제 생각엔 인간은 이성을 사용해야 한다고 믿습니다. 이성을 사용할 때 이 문제의 답은 아주 간단합니다. 낙타가 벽을 올라가게 하는 일은 해보나마나 불가능합니다. 그건 상식이지요. 따라서 그 일을 시도하는 것은 시간낭비일 뿐이므로 죄송하지만 저는 할 필요가 없다고 봅니다."

　첫 번째 젊은이가 수피의 요청을 거절하자, 수피 스승은 아무 말도 하지 않고 다시 두 번째 제자에게 같은 질문을 던졌다.

두 번째 젊은이는 수피 스승이 시키는 대로 밖으로 나가 낙타를 끌고 왔다. 그리고는 낙타를 벽 위로 올라가게 하려고 무진 노력했지만 끝내 허사였다.

이 광경을 지켜보던 수피 스승은 그만 멈추게 한 뒤, 두 번째 사람만 남고 첫 번째 사람은 떠나라고 했다.

두 번째 사람만 남자, 스승은 새로 맞은 제자에게 말했다.

"지성은 순종만 못한 것이다. 특히 배우기로 결심한 젊은이에겐 순종이 가장 중요한 덕목이지."

 ....

만약 당신이 가짜 스승이 아니라 진정한 영혼의 스승을 찾았다면, 모든 걸 내맡긴 채 한없이 겸손하라. 당신이 그렇게만 한다면 스승에게서 더 많은 것을 얻으리라. 세상에 똑똑한 사람은 많지만 스승을 따르는 덕목을 갖춘 사람은 너무나 드물다.

성인과 죄인

높은 덕망과 고매한 인격으로 널리 알려진 수행자가 있었다. 어느 날 그는 평생 자기 수행만을 해서는 수도자의 본분을 다 하는 것이 아니라고 느꼈다. 직접 사람들 속으로 들어가 그들과 함께하면서 잘못을 지적해주고 또 고치도록 도와주리라 결심했다.

어느 날 수행자는 도박에 빠져 있는 사람을 만났다. 즉시 도박을 그만두라고 했지만 워낙 도박에 깊이 빠져 있었기 때문에 그만둘 수가 없는 형편이었다. 아무리 말려도 듣지 않자, 수행자는 아예 도박하는 사람 집 옆으로 이사를 했다. 어떻게 해서든 도박을 고쳐주고 싶었기 때문이다.

도박꾼이 도박장에 가려고 집을 나서기만 하면, 수행자는 그가 지나가는 길옆에다 돌멩이를 하나씩 쌓아나갔다. 돌멩이가 쌓여갈수록 부담을 느끼도록 심리적 압박을 가하는 것이었다. 그러나 도박꾼은 비록 심리적 압박을 느끼긴 했지만 정작 도박에서 손을 떼지는 못했다.

20년의 세월이 흘렀다. 도박꾼은 수행자를 볼 때마다 자신에게 말했다.

"난 정말 착한 짓을 할 수 없는 놈일까? 저 성인은 나를 위해 저렇게 수고하고 계신데……. 저런 분이야말로 돌아가시면 틀림없이 선택받은 분들이 가는 곳으로 가시겠지."

그런데 공교롭게도 두 사람은 어느 날 사고로 함께 세상을 떴다.

천사가 도박꾼에게 와서 말했다.

"당신을 천국으로 모셔가려고 왔습니다."

"천국에 갈 사람을 데리러 오셨다면 잘못 오셨습니다. 저는 평생 죄를 많이 지었기 때문에 지옥에 가야 마땅한 사람입니다. 천국 갈 사람은 제 앞집에 살고 계시는 수행자가 틀림없으니 그 집으로 가보시죠."

"수행자라고요?" 천사는 놀란 듯이 물었다. "아니오. 그 수행자는 지옥에 떨어져 매일 불에 타는 고통을 당하도록 되어 있습니다."

"아니, 그런 법이 어디 있습니까?" 도박꾼이 천사를 보고 소리쳤다. "틀림없이 뭔가 잘못되었습니다."

"잘못이라뇨? 아마 이해하기 어려운 모양인데 그렇다면 내가 설명해주겠소. 저 수행자는 20년 동안이나 자기도취에 빠져 있으면서 자신은 완전무결한 수행자인 양 행동했소. 이제 그가 그 빚을 갚아야 할 때가 온 것이오. 그는 그동안 돌멩이를 당신 집 앞에 쌓아올렸는데, 실은 그 돌멩이를 자기 머리 위에 올려놓고 있었다는 걸 모르고 있었거든요."

"그렇다면 전 어째서 천국으로 가는 거죠?" 궁금증이 조금은 풀린다는 듯한 표정으로 도박꾼이 물었다.

"당신은 도박하러 집을 나설 때마다, 비록 실천은 못했지만 항상 선^{善}을 생각하고 또 그 수행자를 생각했소. 당신은 습관화된 도박을 그만두진 못했지만 선을 진심으로 겸허하게 생각했던 것이오. 이것이 당신이 천국에 갈 수 있는 이유요."

천국에 갈 사람인지 지옥에 갈 사람인지 세속의 잣대로는 판단할 수가 없다. 죄인의 에고는 거칠고 조잡하고, 성인의 에고는 세련되고 미세하다. 하지만 조심하라. 성인의 에고에 더 많은 독이 있을 수 있으니까!

아기의 아버지

하쿠인 선사의 절 앞에는 가게가 하나 있었다. 가게 주인은 성실한 남자로서 항상 하쿠인을 살아 있는 부처님이라 칭송했다. 그런데 어느 날 그가 사나운 모습으로 들이닥쳐서 하쿠인에게 마구 욕을 퍼부었다.

"이 나쁜 중놈아! 난 여태껏 널 살아 있는 부처라고 생각했는데, 남의 집 귀한 처녀를 이렇게 망쳐놓다니! 자, 네 자식이다, 받아라!"

그러면서 가게 주인은 안고 있던 아기를 불쑥 내밀었다.

하쿠인은 단지 "아, 그래요" 라고 하면서 아기를 받아들었다. 그때부터 하쿠인은 젖을 동냥하거나 죽을 끓여 먹이면서 아기를 항상 품에 안고 다녔다. 아무 해명도 없이 아기를 소중히 기르는 하쿠인의 모습에 실망한 수행승들은 하나 둘 떠나갔고, 소문을 들은 신도들도 점차 발길을 끊었다.

가을이 지나고 겨울이 왔다. 그날도 하쿠인은 평상시처럼 아기를 안은 채 맨발에 짚신을 신고 탁발을 다녔다. 큰 눈이 내리고 북풍이 몰아치는 매우 추운 날씨였다. 하쿠인이 그 가게 앞을 지나갈 때, 집 안에서 화로를 쬐며 바느질을 하고 있던 가겟집 딸이 하쿠인의 모습을 보고는 갑자기 울음을 터뜨렸다. 가게 주인이 놀라서 이유를 물으니, 딸은 한참을 운 뒤에 이렇게 말했다.

"실은 저 아이는 옆집 남자와의 사이에서 생긴 아이랍니다. 사실대로 말하면 아버님이 너무나 화를 내실 것 같아서 그냥 하쿠인 스님의 아이라고 말했어요. 아버님이 하쿠인 스님을 살아 있는 부처님으로 떠받드시기에 그렇게 말하면 용서해주실 것 같아서……."

"뭐라고! 이거 정말 큰일 났구나."

가게 주인은 급히 절로 달려가 하쿠인의 발아래에 꿇어 엎드리면서 울며 사죄했다. 전후 사정을 다 듣고 나자 하쿠인은 담담히 말했다.

"아, 그래요. 아기의 아비를 알았다니 다행이요. 자, 데리고 가시지요."

성냄을 버려라. 오만함을 버려라. 모든 애욕과 탐심을 버려라. 정신에도 물질에도 집착하지 않으면 평온하고 편안해서 괴로움이 없다.(법구경)

교차로에서 명상하는 수피

교차로에서 명상하는 수피가 있었다. 어느 날 아침 한 젊은이가 다가와 제자가 되길 청했다.

"그래, 하루 정도는 제자로 있어도 되겠네."

수피가 대답했다.

수피에겐 하루 종일 사람들이 찾아와 인생에 관한 질문을 하고 갔다. 그러나 수피는 머리를 숙인 채 명상에 잠겨 있을 뿐 아무런 대답도 하지 않았다. 많은 사람들이 찾아왔지만 아무 대답도 듣지 못하고 돌아갔다.

저녁이 되자, 무거운 짐을 등에 진 젊은이가 수피와 제자가 있는 곳으로 다가와서 읍으로 가는 가장 가까운 지름길이 어디냐고 물었다.

그러자 수피는 자리에서 벌떡 일어나 젊은이의 짐을 대신 지고 젊은이를 앞세운 채 읍으로 갔다. 얼마 뒤에 수피는 앉아 있던 교차로로 다시 돌아왔다. 이상하게 생각한 제자가 물었다.

"그 젊은이가 누구죠? 혹시 어느 유력자가 변장한 것인가요? 저도 가끔 유력한 분들이 변장하고 다닌다는 애긴 들었습니다."

수피가 대답했다.

"아닐세. 그 사람을 도운 이유는 그 사람만이 내게 진정 필요한 것을 구한 사람이었기 때문이네. 많은 사람들이 왔지만 모

두 쓸데없는 얘기나 듣자고 온 사람들이었지. 그래서 대꾸조
차 않은 거야."

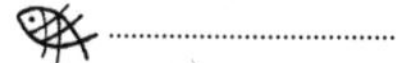

생명의 비밀은 자신의 전 존재를 던져서 탐구해야 한다. 그렇지 않으면 쓸
데없는 지식만 늘어나서 오히려 장애가 된다.

소경의 등불

칠흑 같은 밤이었다. 한 승려가 길을 걷고 있었는데, 너무나 캄캄해서 몇 번이나 다른 행인과 부딪쳤다. 그러다 문득 맞은편에서 등불을 들고 오는 사람을 보았다. 이때 옆에 있던 사람이 말했다.

"저 소경은 정말 이상해. 전혀 볼 수 없는데도 매일 밤 등불을 들고 다녀요."

승려는 등불을 든 사람이 다가오길 기다렸다가 그에게 물었다.

"당신, 정말로 소경입니까?"

그 사람이 대답했다.

"그렇소. 난 태어난 이래로 어떤 빛도 보지 못했습니다. 내게 밤과 낮은 마찬가지죠. 심지어 등불이 어떤 것인지도 모릅니다."

승려는 이상한 생각이 들어서 다시 물었다.

"그렇다면 어째서 등불을 들고 다닙니까? 다른 사람을 헷갈리게 하기 위해서요, 아니면 다른 사람에게 자신이 소경임을 알리기 위해서요?"

"아닙니다. 난 사람들에게 밤에는 빛이 없기 때문에 자신들도 매일 밤 나처럼 소경이 된다고 들었습니다. 그래서 제가 밤에 등불을 들고 다니는 겁니다."

승려가 탄복했다.

"당신의 마음은 너무 훌륭합니다! 원래 다른 사람을 위한 것이군요!"

"아니오, 나 자신을 위한 겁니다."

"어째서죠?"

"당신은 길을 가다 남과 부딪친 적이 있나요?"

"있소. 방금 전에도 부딪쳤지요…….”

"나는 소경이라서 아무것도 보지 못하지만 한 번도 남과 부딪친 적이 없습니다. 그 이유는 등불이 환히 비춰주어서 사람들이 날 볼 수 있기 때문이죠. 날 보지 못해서 부딪칠 가능성은 전혀 없습니다."

승려는 단박에 깨닫고서 탄식했다.

"내가 부처를 찾기 위해 온갖 고난과 역경을 겪었으나, 실제로 부처는 바로 내 주변에 있구나!"

등불을 켜서 다른 사람을 비추어라. 그러면 자신도 비추게 될 것이다.

장애인

사람들이 광장에 모여서 시위를 했다.

"국왕은 하야하라!"

시위를 지켜보던 국왕의 호위병들이 달려와 사람들을 차고 때리면서 끌고 갔다.

그때 한 수피가 제자들과 지나가다가 그 광경을 보았다. 제자 중 하나가 어찌하면 좋을지 스승에게 물었다.

"선생님, 우린 어느 쪽 편을 들어야 합니까?"

"장애자를 도와라!"

수피 스승이 말했다.

"어느 쪽이 장애자입니까?"

"양쪽 다 장애자다. 한쪽은 국왕의 독재를 막지 못한 장애자이고, 다른 쪽은 제대로 정치를 못해 독재에 항거하는 무리들을 양산한 장애자다."

남의 잘못에 대해선 열렬히 비난하는 사람들도 정작 자신의 잘못에 대해선 고치려 들지 않는다.

교정

　이름난 수피가 방문객에게 자신이 집필한 원고를 보여주었다. 방문객은 이곳저곳을 자세히 살펴보다가 커다란 발견이라도 한 듯 몇 개의 틀린 글자를 보여주었다.

　방문객이 틀린 글자라고 지적해주자, 수피 스승은 즉시 그 단어를 지우고 그의 말대로 고쳐 썼다.

　방문객이 떠나자 곁에서 교정 과정을 지켜봤던 제자가 물었다.

　"선생님께서 정말 틀린 글자를 쓰셨나요? 제가 보기엔 고치기 전 단어가 맞는 것 같은데요."

　수피 스승이 대답했다.

　"내가 그 사람 말대로 고친 것은 그의 마음을 상하게 하고 싶지 않아서네. 내가 그 자리에서 틀렸다고 하면 그 사람 마음이 어떻겠나? 물론 나는 인간관계를 위해서 진리를 왜곡했다고 할 수 있지. 하지만 그 사람과 나와의 관계는 진리를 전달해주는 사제 관계가 아니고, 또 세상에는 교정 가능한 사람과 그렇지 못한 사람이 있는 법이네. 우린 세상 모든 사람을 가르칠 수 있다고 가정하지 말아야 해. 그건 불가능한 일일세."

가르침의 비결은 학생을 존중하는 데 있다. (에머슨)

미친 왕의 우상 숭배

옛날에 난폭하고 무지할 뿐만 아니라 우상을 숭배하는 왕이 있었다. 어느 날 왕은 이렇게 맹세했다.

"나의 우상이 내가 살아가는 데 이익을 준다면, 난 성을 지나가는 최초의 세 사람을 잡아서 나의 우상을 숭배하도록 하리라."

왕의 소원은 충분히 채워졌다. 그래서 왕은 즉시 병사들을 큰길로 내보내 그 세 사람을 잡아오도록 했다. 잡혀온 세 사람은 학자와 선지자(예언자의 후손이었다)와 매춘부였다.

세 사람을 우상 앞에 데려다놓고서 미친 왕은 자기가 한 맹세를 얘기해주었다. 그리고 그들 모두에게 우상 앞에서 맹세하라고 명령했다.

학자가 말했다.

"지금은 의심할 바 없이 어쩔 수 없는 상황입니다. 법적, 도덕적 비난을 감수하고라도 시류에 따라야 하는 수많은 선례를 난 보았죠."

그래서 학자는 우상에게 깊은 경의를 표했다.

선지자가 얼굴을 돌리며 말했다.

"내 혈통은 거룩한 예언자의 피가 흐르는 선택받은 혈통이요. 따라서 어떤 일을 하든 내 행동은 그 일을 정화할 겁니다. 당신의 요구대로 한다 해도 내겐 전혀 장애가 되지 않죠."

그러면서 그 역시 우상 앞에 경의를 표했다.

매춘부가 말했다.

"아, 난 지성을 닦지도 않았고 특별히 선택받은 자도 아닙니다. 그래서 난 이 우상을 형식적으로라도 제대로 숭배할 수 있을까 걱정이 됩니다."

미친 왕의 증상은 이 말을 듣자 씻은 듯이 사라졌다. 마치 마법에 걸린 것처럼 왕은 두 우상숭배자의 기만적인 책략을 보았다. 즉시 학자와 선지자의 목을 베도록 했으며 매춘부는 자유롭게 풀어주었다.

진리는 단순하고 소박하다. 그러나 위선적인 지식인일수록 온갖 지식과 교리로 자기 자신을 합리화한다.

강도와 선사^{禪師}

한 젊은이가 산속에 거주하는 선사를 찾아와 미덕^{美德}에 관해 논의하고 있었다. 이때 소문난 강도가 선사를 찾아와서 무릎을 꿇고 물었다.

"대사님, 저의 죄가 너무나 커서 오랜 세월 잠도 제대로 자지 못하며 온갖 번뇌에 시달리고 있습니다. 그래서 당신을 찾아 왔으니 부디 제 마음을 맑게 씻어주옵소서."

선사가 대답했다.

"사람을 잘못 찾아왔구려. 내 죄는 당신보다 훨씬 깊다오."

"저는 나쁜 짓을 너무 많이 저질렀습니다."

"내가 예전에 저질렀던 나쁜 일은 당신보다 더 많을 거요."

"저는 많은 사람을 죽였어요. 눈을 감으면 그들이 흘린 피가 보일 정도입니다."

"나도 많은 사람을 죽였소. 눈을 감지 않아도 그들이 흘린 피가 보일 정도요."

"제가 저지른 이런 일들은 그야말로 인간성이 없는 짓입니다."

"난 예전에 저지른 일들이 인간성이 없는 짓이라고 감히 생각할 수도 없소."

선사의 말을 들은 강도는 일종의 경멸하는 눈초리로 선사를 쳐다보며 말했다.

"그렇다면 당신은 어찌하여 이 산속에서 자칭 선사라고 하면서 사람들을 속이고 있는 거요!" 그리고는 자리를 박차고 산을 내려갔다.

곁에서 듣고 있던 젊은이는 강도가 떠나자 의혹이 가득한 얼굴로 선사에게 물었다.

"왜 그렇게 말씀하시는 겁니까? 제가 알기로 스님께서는 고귀한 덕을 갖추셨을 뿐 아니라 평생 살생 한 번 하지 않으셨습니다. 그런데 어찌하여 스스로 결코 용서받지 못할 나쁜 사람이 되시려는 겁니까? 강도의 눈에서 스님에 대한 믿음이 사라지는 걸 보지 못하셨습니까?"

선사가 대답했다.

"확실히 나에 대한 믿음은 없어졌지. 하지만 그의 눈에서 무거운 짐을 내려놓은 듯한 느낌은 받지 못했는가? 악을 버리고 선을 따르도록 했으니 더할 나위 없지 않은가?"

젊은이가 감격에 찬 목소리로 말했다.

"미덕이 무엇인지 이제야 분명히 알았습니다!"

사랑은 그것이 자기희생일 때 이외에는 사랑의 이름에 적합하지 않다.(로맹 롤랑)

기적

한 승려가 스승에게 물었다.
"자연의 경이보다 더 기적적인 것이 있습니까?"
스승이 답했다.
"물론이지. 자연의 경이에 대한 그대의 깨달음, 그대의 이해
이지."

*

깨어 있는 가슴은 눈을 갖고 있으니
그 눈은 한밤중에도 빛을 지각하네.
깨어 있는 사람은 늘 기쁨 속에 있으니,
모든 걸 잃었지만
그건 단순히 장난감을 잃은 것에 불과하다네.

그대가 깨닫는다면 물 긷고 장작 패는 것도 경이요 기적이다.

세상의 악

한 승려가 세상의 악에 대해 불평을 하자 붓다는 대지를 향해 팔을 뻗으면서 말했다.
"바로 이 대지에서 나는 해탈을 성취했네."

*

황금 사슬에 묶여 있든 무쇠 사슬에 묶여 있든 그대는 속박 속에 있다. 그대의 선한 행동은 황금 사슬이고, 악한 행동은 무쇠 사슬이다. 자기를 구속하는 선악의 사슬 모두를 떨쳐버린 사람을 나는 최상의 진리를 성취한 사람이라 부른다.

땅에서 넘어진 자는 땅을 딛고 일어서야 한다.

암자를 태우다

한 노파가 어떤 수행승을 20여 년간 모시면서 수행에 힘쓰도록 도왔다. 어느 날 노파는 수행승이 도달한 경지를 시험해보고 싶었다. 그래서 아름다운 여인을 시켜 암자에 들어가 앉아 있는 수행승을 껴안아보도록 했다. 여인은 노파가 시킨 대로 암자에 들어가 수행승을 껴안았다.

"마른 나무 같고 차가운 바위 같으니, 추운 겨울에 따스한 기운이 없구나."

그러면서 수행승은 꼼짝도 하지 않았다. 여인이 돌아와서 노파에게 고하자, 노파가 말했다.

"내가 20여 년간을 헛고생 했구나"

그리고는 당장 달려가 암자를 불태워버렸다.

이른 아침 어부의 그물에 걸린 물고기가 은빛 찬란히 펄떡이는 모습을 본 적이 있는가? 이 생명의 약동을 선禪에서는 '활발발活潑潑'하다고 말한다. 생명에 대한 깨달음은 '활발발'하지 마른 나무나 차가운 바위 같은 것이 아니다.

자비

추운 바람이 몰아치는 겨울날이었다. 한 낭인浪人이 병들고 굶주린 모습으로 묘오앙 선사를 찾아와 애원했다.

"제가 병이 들어서 처자식을 먹여 살리지 못하는 바람에 일가가 굶어 죽을 판입니다. 부디 자비를 베풀어 도와주소서."

묘오앙 선사는 매우 불쌍한 생각이 들었으나, 자신도 옷 몇 가지와 발우 하나로 보시를 받아 생활하는 처지라 마땅히 도울 만한 것이 없었다. 한참을 생각하다가 그는 불당佛堂에 들어가서 부처님 뒤에 있는 금박을 입힌 광배光背를 잘라내어 왔다.

"이걸 팔아 쌀이라도 사시오. 임시방편은 되지 않겠소?"

이 광경을 본 제자들이 놀라서 물었다.

"불경스러움이 너무 지나치시지 않습니까?"

"무엇이 지나치단 말인가? 단하丹霞 선사가 목불木佛을 장작으로 땐 이야기를 듣지 못했는가? 나는 불상을 태우지도 파괴하지도 않았으며 단지 부처님 뜻을 행했을 뿐이다. 불심은 대자비심일 뿐이라고 경전에서도 말하고 있다. 아까 같은 불쌍한 중생을 보시면, 부처님은 자신의 팔을 분지르고 다리를 꺾어서라도 도왔을 터인데 광배 따위가 무슨 문제냐?"

사람이 건강을 잃고 친구를 잃고 명예를 잃는다면 그 어느 것이든 큰 손실이다. 그러나 자비심을 잃는 것이야말로 무엇보다 가장 큰 손실이다. (붓다)

정신병자

수피가 말했다.

"세상 사람들은 모두 정신병자야."

그는 제자들에게 자신의 말이 맞다는 걸 증명해보이기로 했다. 그날 밤 수피는 한 부자를 불러서 식사를 함께 하자고 했다. 부자는 빵과 말린 대추를 먹었다. 수피가 대접할 수 있는 건 그것뿐이기 때문이었다.

사정을 안 부자는 집에 돌아가자 많은 돈을 보내왔다. 그러나 수피는 '빵은 먹을 수 있지만 돈은 우리에게 아무 소용없으니 돌려보냅니다'라고 쓴 글과 함께 돈을 돌려보냈다. 그런 다음 수피는 거지를 불러 부잣집에 가보도록 했다. 그러나 부자는 거지에게 문도 열어주지 않았다.

실망한 거지는 수피에게 와서 사실을 말했다. 거지의 말을 다 듣고 난 수피는 제자들에게 다시 말했다.

"세상 사람들은 정신이 돌았어. 정말 필요한 사람은 돕지 않고 누구를 돕는단 말인가? 세상 사람들은 돌았어."

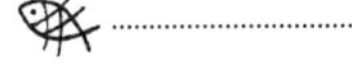

참된 보시, 진정한 봉사는 자기 자신을 내주는 일이다. 그런데도 자기 자신을 내세우기 위해 자선을 베푸는 사람이 의외로 많다.

공포

구도자의 가슴을 큰소리로 노크하는 소리가 있었다.

"거기 누구요?"

놀란 구도자가 물었다.

"나요. 진리."

대답이 들려왔다.

"놀리지 마시오." 구도자가 말했다. "진리는 침묵으로 말하는 법이오."

노크하는 소리가 멈췄고 구도자는 크게 안심하였다.

하지만 구도자가 몰랐던 사실이 있다. 바로 그 노크 소리는 구도자의 가슴이 두려움으로 고동치는 소리였던 것이다.

진리를 깨쳐야만 근원적인 두려움을 극복할 수 있다. 의지나 의도만으로는 두려움을 견딜 뿐이지 극복한 것은 아니다.

새는 왜 노래 부르는가?

제자들이 스승에게 하느님에 관한 이런저런 질문을 하자, 스승은 이렇게 대답했다.

"하느님은 알 수 없는 분이지. 하느님에 관한 어떤 설명이나 진술, 그리고 그대들의 질문에 대한 어떤 대답도 단지 진리에 대한 왜곡일 뿐이야."

제자들이 의아해하면서 물었다.

"그럼 스승님께선 도대체 왜 하느님에 관한 말씀을 하시는 겁니까?"

스승이 말했다.

"새가 왜 노래를 부르겠느냐?"

물은 절로 흐르고 꽃도 절로 피는 법이니, 사념을 비우고 가슴으로부터 절로 흘러나오는 노래를 불러라.

필요

거지가 현자에게 손을 내밀며 한 푼 달라고 구걸했다. 그러자 현자가 그 거지에게 물었다.

현자 당신 낭비벽이 있소?

거지 네, 있습니다.

현자 당신, 여러 사람과 함께 둘러앉아서 커피 마시고 담배 피길 좋아하나요?

거지 그렇습니다.

현자 당신, 매일 목욕하러 가는 걸 좋아하는 것 같은데…….

거지 그렇고말고요.

현자 ……그리고 친구들과 어울려 술까지 마시면서 즐겁게 지내겠지?

거지 그렇습니다. 전 그런 것들을 좋아하죠.

현자는 '쯧쯧' 하면서 그에게 '금화' 한 닢을 주었다.

몇 미터 떨어진 곳에서 현자와 거지의 대화를 듣고 있던 다른 거지가 현자에게 다가와서 귀찮을 정도로 구걸을 했다.

현자 당신, 낭비벽이 있소?

거지 아니, 없습니다.

현자 당신, 여러 사람과 둘러앉아서 커피 마시고 담배 피길 좋아하나요?

  아니요.

  매일 목욕하러 가는 걸 좋아하는 것 같은데.

  천만에요. 그렇지 않습니다.

  ……그럼 친구들과 어울려 술을 마시면서 즐겁게 지내
     겠지?

  아닙니다. 전 그저 하루하루 살면서 기도하길 원할 뿐
     입니다.

그러자 현자는 그 거지에게 작은 '동전' 한 닢을 주었다.

"왜죠?"

거지가 투덜거렸다.

"나처럼 검소하고 신앙심 깊은 사람에겐 동전 한 닢밖에 안
주고, 저 낭비벽이 심한 거지에겐 왜 금화를 주시는 겁니까?"

"아!" 현자가 답했다. "그가 '필요'한 것이 당신이 '필요'한 것
보다 더 많거든."

우리 속담에 미운 아이에겐 떡 하나 더 주고 착한 아이에겐 매 한 대 더 때
리라는 말이 있다. 말하자면 떡 하나를 더 주든, 매 한 대를 더 때리든 아이에
게 정말 필요한 일을 해줄 수 있어야 한다. 예수도 자신의 길을 잘 가고 있는
백 마리의 양보다는 길 잃은 한 마리의 양을 구하라고 했지 않은가?

최고의 지혜

한 소년이 아버지의 뜻에 따라 깨달은 스승의 집으로 보내졌다.

몇 년 동안 배운 결과, 소년은 모든 학문에 통달한 위대한 학자가 되었다. 더 이상 배울 것이 없었기에 스승은 이제 집으로 돌아가도 된다고 말했다. 아들 역시 더 이상 배울 것이 없다고 생각해서 의기양양한 모습으로 집으로 돌아갔다.

아버지는 창문을 통해 아들이 돌아오는 모습을 보았다. 목에 힘을 주고 자만심에 찬 걸음걸이었다. 이런 아들의 모습을 보자 아버지는 슬퍼졌다. 진정한 지자知者의 모습이 아니었기 때문이다. 최고의 지혜에 도달한 사람에겐 뭔가를 알았다는 표시가 없는 법이다.

집에 돌아온 아들은 아버지의 슬픈 표정을 보자 의아해서 물었다.

"왜 그렇게 슬픈 표정이십니까?"

아버지가 대답했다.

"네게 묻겠다. 단 하나를 앎으로써 다른 어떤 것도 배울 필요가 없고 모든 고통에서 벗어나는 그것을 너는 알고 있느냐? 배울 수 없는 그것을 너는 배웠느냐?"

"아니오."

"그렇다면 다시 돌아가거라. 스승에게 가르칠 수 없는 것을 가르쳐 달라고 말하라.”

“아니, 가르칠 수 없는 것을 어떻게 가르칩니까?”

“그거야말로 스승의 방편이다. 진정한 스승이라면 가르칠 수 없는 것을 네게 가르칠 것이다.”

아들은 다시 스승에게 돌아와서 말했다.

“아버지는 저를 다시 돌려보내시면서 가르칠 수 없는 것을 배워오라고 하셨습니다. 도대체 그것이 무엇입니까? 왜 이제껏 그것에 대해선 한 마디도 해주시지 않았습니까?”

스승이 말했다.

“그건 스스로 묻기 전엔 말할 수 없는 것이다. 또 너무나 미묘해서 가르칠 수도 없다. 난 단지 간접적으로 도울 수 있을 뿐이다. 이제 너는 가축 4백 마리를 데리고 인적이 끊긴 숲속으로 들어가 살아라. 어떤 말도 하지 말고 침묵 속에 있어라. 그리하여 4백 마리가 천 마리로 번식하거든 돌아오너라.”

아들은 스승의 말에 따랐다. 처음 얼마 동안은 수많은 상념이 맴돌았지만, 그는 점차 침묵 속으로 들어갔다. 그가 하는 일이라곤 냇가에서 잠자거나 나무 밑에 앉아 있는 일이었다. 마침내 그는 모든 에고가 떨어져 나가고, 모든 시간과 공간도 떨어져 나간 침묵의 존재가 되었다. 그는 동물처럼 순간에 살고 있었다.

　나중에 스승은 천 마리의 가축과 돌아오는 제자를 보고는 이
렇게 외쳤다.
　"보라! 저기 천 마리의 가축이 오고 있다. 저기 제자는 없다."
　제자는 한 마리의 가축이 되어서 그들과 함께 움직이고 있을
뿐이었다.

침묵은 영원처럼 깊이가 있고, 말은 시간처럼 얕다. (카알라일)

극락과 지옥

어떤 무사가 선사를 찾아와서 물었다.

"극락이니 지옥이니 하는 것이 정말 있습니까?"

선사가 무사에게 물었다.

"그대는 무엇 하는 사람인가?"

"나는 무사입니다. 왕을 모시는 무사죠."

선사는 껄껄 웃으며 말했다.

"그대가 무사라고? 내가 보기엔 꼭 거지 왕초 같구먼."

무사는 분노했다. 무사에겐 모욕이 죽음보다 치욕스러운 것이니까. 그는 벌떡 일어서서 칼을 뽑아 선사의 목을 겨눴다. 그러나 선사는 꼼짝도 하지 않은 채 조용히 말했다.

"지금 지옥의 문이 열렸네."

무사는 정신이 번쩍 났다. 죽음 앞에 초연한 선사를 보고는 그가 말한 지옥의 의미를 깨달았던 것이다. 그는 칼을 거두고 선사에게 큰절을 올렸다. 그러자 선사가 다시 말했다.

"지금 극락의 문이 열렸네."

지옥에 가느냐, 극락에 가느냐는 오직 당신의 마음 하나에 달린 것이다.

인욕

무소오 선사가 제자를 데리고 강을 건너고 있었다. 그들이 탄 배는 매우 작은 배였는데 승객을 가득 태우고 있었다. 배가 막 출발하려 할 때, 한 무사가 달려오더니 거칠게 배에 올라탔다. 무사는 술에 취해 함부로 비틀거렸기 때문에 승객들은 모두 겁에 질려 있었다. 그때 무소오 선사가 나서서 조용히 타일렀다.

"배가 이렇게 좁으니 조금만 참고 계셨으면 합니다."

"뭐, 좁다고? 거추장스런 놈은 밖으로 내던지면 될 것 아닌가?"

무사가 고함을 치자, 무소오는 어쩔 수 없다는 듯 가만히 있었다. 그러자 더욱더 기고만장해진 무사는 손에 들고 있던 부채로 무소오의 미간을 때리며 말했다.

"이 중놈아, 왜 빨리 내리지 않는 거야."

참다못한 무소오의 제자가 벌떡 일어서서 무사를 붙잡으려 했다. 그 역시 승려가 되기 전에는 검술도 뛰어나고 힘도 장사인 무사였던 것이다. 무소오는 급히 일어서서 제자의 소매를 끌어당기며 말했다.

"넌 아직도 옛날의 근성을 버리지 못하는구나. 인욕 수행이란 말로만 되는 것이 아니다. 이 정도에 화를 내다니 부처의 제자가 되려면 아직 멀었구나."

그리고는 종이를 꺼내 뭔가를 써서 제자에게 보여주었다. 종이를 받아본 제자는 눈물을 삼키면서 고개를 떨어뜨렸다.

배가 건너편 기슭에 닿을 즈음에는 거칠던 그 무사도 조용해져 있었다.

그도 무소오의 의연하고 관대한 태도에 뭔가 느끼고 있었던 것이다. 배에서 내린 무사는 무소오에게 용서를 빌었다. 이를 본 제자가 무사에게 말했다.

"나도 출가하기 전엔 무사였소. 아까는 분을 참지 못한 채, 내가 승려라는 사실을 잊어버리고 당신을 강물 속에다 던져버리려 했소. 하지만 스승님의 가르침을 받고 겨우 계율을 어기지 않게 된 것이오. 자, 스승님이 내게 보여준 글을 보시오."

무사는 제자가 내민 종이를 바라다보았다. 종이 위엔 이런 글이 쓰여 있었다.

"때린 사람도 맞은 사람도
한순간 꿈의 장난일 뿐이다."

어리석은 사람은 즉각 분노를 드러내지만, 어진 사람은 모욕을 받아도 덮어둔다.(구약, 잠언)

인내는 정의의 일종이다.(마르쿠스 아우렐리우스)

만수르의 눈물

예수는 십자가에 못 박혀 죽었지만, 위대한 수피 만수르는 갈가리 찢겨져 죽었다. 그는 십자가에 못 박힌 다음 먼저 다리를 잘렸고, 다음은 팔을 잘렸으며, 다시 혀가 잘리고 양쪽 눈이 파였다. 그래도 만수르는 살아 있었다. 그래서 마지막으로 몸통이 찢겼다.

만수르의 죄목은 오직 하나, 그가 '나는 신이요 진리다'라고 말했기 때문이다. 수많은 사람들이 몰려와 그에게 돌을 던지며 욕을 퍼부었다.

그래도 만수르는 웃었다. 발목이 잘려 피가 흐르자, 그는 두 손으로 피를 받았다. 구경하던 사람이 물었다.

"왜 그런 짓을 하시오?"

만수르가 대답했다.

"어찌 물로써 손을 씻겠는가? 피로써 지은 죄는 오직 피로써만 닦을 수 있노라. 피로 내 손을 닦고 기도하겠다."

사람들이 손을 자르려 하자 만수르가 말했다.

"잠깐, 내 기도가 끝난 다음 손을 자르라. 손이 없으면 기도하기 어려우니."

만수르는 하늘을 쳐다보면서 기도를 올렸다.

"당신은 절 속일 수 없습니다. 저는 여기 모인 모든 사람들에게서도 당신을 봅니다. 살인자로 나타나셨고 적으로 나타나셨어도 저를 속일 순 없습니다. 어떤 모습으로 오셔도 전 당신을 볼 수 있습니다. 제 안에 계신 당신을 알 수 있기 때문입니다."

이 말을 듣자 사람들은 미친 듯이 돌을 던지면서 만수르를 조롱했다. 만수르는 웃고 있었다. 그러다가 그는 갑자기 울기 시작했다.

그의 친구이자 제자인 시블리가 장미 한 송이를 그에게 던졌던 것이다. 사람들이 다시 물었다.

"도대체 왜 우시오?"

만수르가 대답했다.

"돌을 던지는 사람들은 자기들이 뭘 하고 있는지조차 모르지만, 시블리는 알고 있다. 신에게 용서받기 힘들다는 것을."

나중에 어떤 사람이 시블리에게 왜 장미꽃을 던졌느냐고 묻자, 시블리는 이렇게 말했다.

"난 군중들이 무서웠소. 아무것도 던지지 않으면 군중들이 날 그냥 내버려둘 것 같지 않았기 때문이죠. 하지만 난 만수르가 천진무구한 사람임을 알고 있었소. 난 겁쟁이였죠. 그래서 난 장미꽃이 제격이라 생각했소이다. 만수르는 내가 겁내고 두려워하는 것을 보고 눈물을 흘린 것이오."

만수르의 눈물은 시블리를 완전히 변모시켰다. 그 후 시블리는 10여 년간을 거지처럼 떠돌면서 회한의 고통에 괴로워했다. 그는 이렇게 말하면서 평생을 회개하면서 지냈다.

"내가 만수르를 죽인 것이다. 적어도 나만은 그를 이해했었고 그를 구할 수도 있었지만 끝내 그러지를 못했다. 난 군중들과 영합했다. 그에게 꽃을 던지는 것으로."

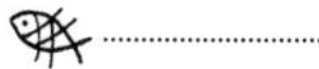

만수르의 눈물은 최고의 기도이며 최고의 발언이다.
신을 보는 나의 눈은 나를 보는 신의 눈과 같다.(마이스터 에크하르트)

결실을 맺기 위해서는

어느 날 한 농부가 신을 찾아와 말했다.

"1년 세월을 두고 제가 원하는 대로 농사를 짓게 해주십시오. 그러면 가난이 없어질 겁니다."

신은 농부의 뜻대로 농사짓기에 최적인 날씨를 보내주었다. 비바람이나 천둥번개도 치지 않게 했고, 햇볕을 원하면 햇빛을, 비를 원하면 비를 내렸다. 모든 게 순조로워서 곡식은 무럭무럭 자라났다. 기분이 좋아진 농부가 신에게 말했다.

"이렇게 10년만 농사짓는다면 양식 걱정이 없을 겁니다."

마침내 추수할 때가 되어서 농부는 곡식을 거두었다. 그런데 이게 웬일인가? 죄다 껍데기일 뿐 알맹이는 하나도 없었던 것이다. 깜짝 놀란 농부는 신을 다시 찾아가 물었다.

"이게 어찌된 일입니까?"

신이 대답했다.

"도전이 없었기 때문이다. 장애가 되는 건 모두 피했기 때문에 껍데기만 있지 알맹이는 없는 것이다. 그래도 약간의 고난, 즉 비바람이나 천둥번개는 있어야 하지 않겠는가? 껍데기 속의 영혼이 깨어나 결실을 맺기 위해선 말이다."

고난이 크면 클수록 영광도 크다. (키케로)

악마의 책략

악마가 친구와 함께 산책을 나갔다가 웬 사람이 길에서 뭔가를 줍는 것을 보았다.

"무얼 발견했을까?" 친구가 물었다.

"한 조각의 진리구만." 악마가 대답했다.

"저 사람이 진리를 발견했으니, 자넨 속상하지 않겠나?"

"천만에. 난 저자가 그 조각을 종교적 신조로 삼도록 내버려둘 생각이네."

소위 종교적 체험을 했다고 해서 광신으로 빠져드는 사람은 의외로 많다. 그들은 그 체험을 종교적 신조로 삼아 남에게도 강요하지만, 하지만 진정으로 깨닫고 진정으로 신성을 체험한 사람은 의외로 적다.

안겔루스 질레지우스는 이렇게 말한다.

"그리스도가 갈릴리에서 천 번을 태어났더라도 종일 비를 맞고 있었을 것이다. 그대 안에서, 내 안에서 그리스도가 태어날 때까지는."

반지

한 왕이 있었는데, 자기보다 훨씬 강대한 이웃나라를 두려워하고 있었다. 그는 언제 쳐들어올지 모른다는 두려움 때문에 늘 패배감과 절망감에 시달렸다. 그래서 왕은 현자들을 불러놓고 말했다.

"내가 불행할 때 날 즐겁게 해주고, 내가 행복할 때 날 슬프게 하는 그런 물건을 찾아주오."

왕은 행복과 불행의 문을 모두 열 수 있는 열쇠를 원하는 것이었다. 현자들은 이 문제를 해결하려고 머리를 쥐어짰지만 아무런 답도 얻질 못했다. 할 수 없이 그들은 유명한 수피를 찾아가 조언을 구했다. 수피는 자기 손가락에 낀 반지를 빼주면서 말했다.

"이걸 왕에게 주시오. 하지만 명심해야 할 것이 있소. 왕에게 상실의 고통으로 어찌할 바를 모를 때 이 반지 밑을 보라고 하시오."

왕은 수피의 말을 전해 듣고는 흔쾌히 수락하고서 반지를 받았다.

마침내 이웃나라가 쳐들어왔다. 왕은 목숨이나마 건지려고 필사적으로 도망가려 했지만 사태는 이미 절망적이었다. 시시각각 다가오는 죽음의 그림자 앞에서 왕은 불현듯 반지가 생각났다. 얼른 반지의 뚜껑을 열고 그 밑을 바라보니 거기엔 이런 글귀가 적혀 있었다.
"이 역시 스쳐 지나가는 것이다."

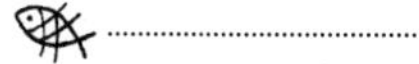

행복의 기쁨이든 불행의 고통이든 영원히 머무는 것이 아니로다.

모세

모세가 길을 가다가 우연히 기도하는 소리를 들었다. 그런데 그 기도 소리가 왠지 이상해서 모세는 귀 기울여 들었다.

"하느님, 제발 가까이 다가갈 수 있도록 하옵소서. 그렇게만 되면 당신의 옷을 깨끗이 빨아드리고, 몸에 이라도 있다면 모조리 잡아 드리겠습니다. 그리고 전 구두 만드는 일을 하니까 당신에게 딱 맞는 구두를 만들어드리죠. 또 병이라도 나신다면 제가 병원으로 모시겠습니다……."

모세는 깜짝 놀라서 소리쳤다.

"그만둬! 엉터리 기도는 그만두게. 자네 지금 뭐라는 건가? 하느님에게 이가 들끓는다고? 하느님의 옷이 더럽다면 빨아드리겠다고? 도대체 누구에게 그런 엉터리 기도를 배웠는가?"

그 사람이 말했다.

"전 가난한 무식쟁이라 기도를 배운 적이 없습니다. 그저 제 나름대로 할 뿐이지요. 제겐 이가 아주 많아서 하느님께서도 이 때문에 고생할 거라고 믿어요. 또 전 형편없는 음식을 먹기 때문에 이따금 배가 아프지요. 하느님께서도 분명히 그러실 겁니다. 제가 아는 건 이런 경험들뿐이라서 전 제가 아는 대로 기도할 뿐이에요. 당신이 올바른 기도를 아신다면 제발 저에게 가르쳐주세요."

모세는 기꺼이 그에게 올바른 기도법을 가르쳐주었다. 그 사람은 눈물을 흘리면서 모세에게 감사를 표했다. 모세는 그를 보내고 나서 아주 즐거웠다.

매우 뜻깊은 일을 했다는 생각이 들었다.

그러나 하느님은 분노해서 모세에게 말했다.

"사람들을 내게 가까이 데려오라고 너를 보냈거늘, 너는 오히려 내가 가장 사랑하는 사람을 잃었구나. 그대가 가르쳐준 올바른 기도법은 전혀 기도가 아니다. 기도란 법이 아니라 사랑으로 하는 것이다. 사랑 자체가 곧 법이니 딴 법이란 있을 수 없도다."

사랑이 지나친 법이 없듯이 기도가 지나친 법은 더욱 없다.(빅토르 위고)

겸손

늙은 랍비가 병이 들어 누워 있었다. 곁에서는 제자들이 서로 속삭이듯 얘기하면서 스승의 비할 바 없이 높은 덕을 칭송하고 있었다. 제자 중 하나가 말했다.

"솔로몬 왕 이래로 스승님만 한 현자는 없었네."

"게다가 스승님의 신앙심은 또 어떤가! 우리의 조상 아브라함과 견줄 만하네." 다른 제자가 말했다.

"스승님의 인내심은 분병 욥과 비견될 수 있네." 세 번째 제자가 말했다.

"스승님을 빼놓고, 하나님과 직접 대화를 한 사람은 모세가 있을 뿐이네." 네 번째 제자가 말했다.

스승은 잠을 이루지 못했다. 제자들이 떠나자, 랍비의 아내가 와서 말했다.

"제자들이 당신을 칭송하는 소릴 들었어요?"

"들었소."

"그런데 왜 그리 못마땅해 하시죠?"

"나의 겸손이오." 랍비가 불평했다. "제자 중 어느 누구도 나의 겸손함을 말하지 않았소."

사람들은 기적과 영광에만 관심이 있을 뿐 그걸 이루게 한 것이 자기를 낮추는 겸손이란 건 모르고 있다.

금지

어떤 사람이 죄를 범했다. 그는 파문을 당해서 교회에 들어가는 것도 금지되었다.

그는 신에게 자신의 비통함을 호소했다.

"그들은 나를 교회에 들어가지 못하게 합니다, 주여. 내가 죄인이기 때문입니다."

"그대는 무슨 불평을 하고 있는가?" 신이 말했다. "그들은 나도 들어가지 못하게 한다네."

예수를 십자가에 처형한 자들은 누구인가? '지구는 둥글다'고 주장한 부르노 신부를 화형에 처한 자들은 누구인가? 모두 교의에 집착하는 교조주의자들이다.

너무 늦었어

한 시인이 몇 년간 영국 리버풀에 머물면서 시를 쓰기 시작했다. 그는 수천 개의 시를 지었고, 친구들도 그의 시를 알리기 위해 무진 애를 썼다.

어느 날 친구가 머리를 파묻고 심하게 흐느끼는 시인의 모습을 보았다.

"기분을 돌리게." 친구가 말했다. "그렇게 울 만큼 상황이 나쁘진 않아!"

"그게 아닐세." 시인이 말했다. "난 방금 내가 시인이 아니란 걸 발견했기 때문에 우는 걸세."

"그렇다면 자네가 해야 할 일은, 시를 포기하는 걸세. 그럼 훨씬 나아질 거야."

친구가 말했다.

"하지만 그럴 수가 없네. 문화 아카데미는 나를 세기의 시인으로 뽑았어. 난 어제부터 유명해진 거야."

명예를 얻은 사람은 사람들의 기대치에 부응하도록 강요 아닌 강요를 받고 있다. 이 명예의 덫에서 빠져나가기란 쉽지 않다.

형제애

　사냥꾼이 사냥을 하고 있었다. 나무 뒤에서 뭔가 움직이는 것이 보이자, 즉시 사냥개를 보내 쫓게 했다. 사냥개는 여우를 몰아서 사냥꾼이 총을 쏠 수 있는 위치 안에 가둬놓았다.
　사냥꾼의 총에 맞은 여우가 죽어가면서 사냥개에게 말했다.
　"넌 여우와 개가 형제란 걸 들어본 적이 없느냐?"
　"물론 들어보았지." 사냥개가 말했다. "하지만 그건 이상주의자나 바보들을 위한 말이지. 현실적인 마음을 가진 자에겐 '관심의 동일성identity'이 형제애를 낳는 법일세. 이를테면 사냥꾼과 나는 사냥감을 쫓는 데에 관한 관심을 공유하고 있단 말일세."

　같은 종교를 믿는 사람들은 서로 형제애와 사랑을 느낄 것이다. 하지만 종교가 다르다는 이유만으로 서로 피를 흘리게 하는 경우는 얼마나 많은가! 그들은 사랑을 공유하는 것이 아니라 증오를 공유하고 있다. 그들의 종교는 항상 사랑을 이야기하고 있는데도 말이다.

씨앗

한 부인이 꿈에서 새로운 상품을 진열한 상점가를 걷고 있었다. 그런데 놀랍게도 그녀는 카운터 뒤에 있는 신을 발견했다. 그녀가 물었다.

"여기서 무얼 팔고 계시죠?"

신이 대답했다.

"그대의 마음이 바라는 건 무엇이든 팔지."

부인은 인간이 바랄 수 있는 최선의 것만을 요구하기로 했다.

"전 마음의 평화와 사랑, 행복, 지혜, 그리고 두려움으로부터의 자유를 원해요." 그리고는 잠시 생각한 뒤 덧붙였다. "이건 나만을 위한 것이 아녜요. 지상의 모든 사람을 위한 것이죠."

신은 미소를 지으며 말했다.

"사랑하는 이여, 당신은 날 오해한 것 같소. 여기선 열매를 팔지 않소. 단지 씨앗만 팔 뿐이요."

둘레가 열 아름도 넘는 거대한 나무도 아주 작은 씨앗에서 비롯된다. 나무의 거대함과 풍성한 열매에 가려서 씨앗을 소홀히 하는 일은 없어야 한다.

복제인간

자기복제술을 발견한 과학자가 있었다. 어찌나 정교했던지 오리지널과 구별할 수 없을 정도였다. 어느 날 그 과학자는 죽음의 사자가 자신을 찾고 있다는 소식을 들었다. 그래서 그는 자기와 똑같은 복제인간 12명을 만들었다. 죽음의 사자는 자기 앞에 선 13명 중에서 누가 진짜 과학자인지 몰라 당황했다. 결국 그는 13명을 남겨두고 홀로 하늘로 돌아갔다.

그러나 얼마 안 되어 다른 사자가 내려왔다. 그는 인간 본성에 관한 전문가였다. 사자가 말했다.

"선생, 당신은 정말 천재요. 이토록 정교한 자기복제 인간을 만들 수 있다니 말이요. 하지만 난 당신 작품에 결함을 발견했소. 아주 사소한 결함이지만."

과학자는 즉시 뛰어나오면서 소리쳤다.

"말도 안 돼! 어디에 결함이 있단 말이요."

"여기 계셨구먼."

죽음의 사자는 복제인간 중에서 진짜 과학자를 골라내 데리고 갔다.

우리들이 타고난 감정 가운데 자부심만큼 억제하기 어려운 것은 없다. (벤저민 프랭클린)

궁극의 경지

스승의 기분이 넉넉하고 흡족한 상태였을 때, 제자는 신성에 도달하기 위해 스승이 거쳤던 물음의 단계를 배우고 싶어했다. 스승이 말했다.

"신은 먼저 나를 '행동의 땅'으로 직접 인도했지. 그곳에서 난 여러 해를 지냈어. 그 다음, 신은 되돌아와서 나를 '슬픔의 땅'으로 인도했네. 거기서 난 내 가슴이 온갖 과도한 집착에서 정화될 때까지 살았다네. 나 자신을 '사랑의 땅'에서 발견한 것도 바로 이때였지. 사랑의 불길은 '나^{me}'라는 에고의식에 남겨진 것은 무엇이든 태워버렸지. 이것이 날 '침묵의 땅'으로 불러들였네. 거기서 삶과 죽음의 신비는 내 경이의 눈앞에 적나라하게 드러났지."

제자가 물었다.

"'침묵의 땅'이 스승님 질문의 마지막 단계였나요?"

"아니다." 스승이 말했다. "어느 날 신이 내게 말했지. '오늘 난 사원의 가장 심오한 성소聖所, 바로 신의 심장부로 널 데려가겠다.' 그리곤 날 '웃음의 땅'으로 인도했네."

"가슴과 마음이 가장 심오한 통찰을 얻을 때까지는
신의 찬란한 광휘는 성취될 수 없다."

많지 않다

　지극히 높은 영적 상태를 갈망하는 자기중심적인 구도자가 수피 센터를 방문했다. 그는 잠시 멈춰 서서 문지기에게 말을 건넸다.

　"난 반성하고 있답니다. 진리를 찾는 진실한 구도자가 이 세상에 얼마나 많은지 알고 있는 자가 거의 없다는 것을……."

　"난 반세기 동안 이 문을 지키면서 보아왔기 때문에 그 일에 관해선 어느 정도는 말할 수 있지요."

　"그래요? 그럼 얼마나 많은 구도자가 있죠?"

　"당신 생각보다는 훨씬 적은 숫자요."

─────────────────────────

　소위 영적인 사람들이 모여 있는 세계는 알게 모르게 위선적인 사람들로 가득 차 있다.

종교

아일랜드 벨파스트에서 가톨릭 신부와 기독교 목사와 유태교 신부가 신학적인 논쟁에 열을 올리고 있었다. 갑자기 한 천사가 그들에게 나타나서 말했다.

"하나님의 축복을! 평화를 위한 소망을 하나씩 말하면, 전지전능한 자가 그대들의 소망을 들어주시리라."

목사가 말했다.

"가톨릭을 이 사랑스런 아일랜드 땅에서 사라지도록 해주십시오. 그러면 온 세상이 평화로울 겁니다."

신부가 말했다.

"이 신성한 아일랜드 땅 위에 단 한 명의 기독교도도 남겨두지 마옵소서."

"그대는 무얼 원하는가, 랍비여?" 천사가 말했다. "그대는 이루고 싶은 소망이 없는가?"

"그렇습니다." 랍비가 말했다. "다만 이 두 신사의 소망을 들어주신다면, 전 아주 기쁠 겁니다."

종교 간의 갈등으로 역사는 얼마나 많은 피로 얼룩졌던가! 서로에 대한 열린 자세와 진정한 교류 없이는 종교 간의 대화도 위선적인 타협에 지나지 않을 수 있다. 그들의 내면은 여전히 대립과 배척으로 얼룩져 있기 때문이다.

아내를 죽인 이유

스미스 씨가 아내를 죽였다. 그런데 그는 일시적인 착란상태에서 저지른 것이라고 항변했다. 변호사는 증인석에 있던 그에게 당시 상황을 자세히 묘사해보라고 요구했다.

"재판장님." 스미스 씨가 말했다. "전 평화롭게 살아가는 평범한 습관을 가진 사람에 불과합니다. 매일 아침 7시에 일어나서 7시 반에는 아침을 먹고 9시에는 일을 나갑니다. 오후 5시면 일을 끝내고 6시엔 집으로 돌아오죠. 그리고는 식탁에 놓인 저녁을 먹습니다. 저녁을 먹은 뒤엔 신문을 읽고 텔레비전을 보다가 9시가 되면 잠자리에 듭니다. 그날의 의문이 일어날 때까지는……."

여기까지 말하자, 그의 숨이 점점 가빠지면서 얼굴엔 격노한 표정이 떠올랐다.

"계속하시오." 변호사가 조용히 말했다. "이 법정에서 그날 벌어진 일을 말하세요."

"그날도 전 7시에 일어나서 7시 반에 아침을 먹고 9시에 일을 나갔습니다. 오후 5시에 일을 끝내고 6시에 집으로 돌아왔죠. 그런데 식탁에 저녁이 놓여 있지 않은 걸 보고 전 경악했습니다. 게다가 아내마저 보이지 않았어요. 그래서 온 집안을 샅샅이 뒤져 아내가 딴 남자와 침대에 누워 있는 걸 발견했습니다. 전 즉시 그녀에게 총을 쐈죠."

"당신이 아내를 죽였을 때의 감정을 말해주시죠."

변호사가 예상되는 답변을 고대하면서 말했다.

"전 걷잡을 수 없는 분노에 휩싸였죠. 전 제정신이 아니었어
요. 재판장님, 그리고 배심원 여러분." 그는 주먹으로 의자걸
이를 탕탕 치면서 소리쳤다. "제가 6시에 집에 들어가면, 반드
시 식탁 위에 저녁이 준비돼 있어야 합니다."

습관에 의해 형성된 고정관념은 마치 색안경을 낀 것처럼 사물을 있는 그
대로 보지 못하게 한다.

보이지 않는 봉사

자선을 잘 베풀기로 유명한 수행자가 있었다. 그는 남에게 뭔가를 줄 때면 늘 이렇게 말했다.

"난 이걸 다 썼네. 이제 필요 없으니 가져가게."

또 가난한 사람에게 음식을 나눠줄 때 역시 이런 식으로 말했다.

"나는 배가 부르네. 자네가 먹게."

이 모습을 본 수피의 친구가 말했다.

"자네가 그런 식으로 자선을 베푸니, 사람들은 도움을 받으면서도 고마운 줄 모르고 받네. 앞으로는 그렇게 하지 말게나."

수피가 대답했다.

"아닐세. 난 사람들이 뭔가를 받는다고 느끼길 원치 않네. 나는 사람들이 아무 부담 없이 도움받기를 원할 뿐이네."

그는 평생 자신의 신조를 굽히지 않았다.

오른손이 하는 일을 왼손이 모르게 하는 것이 진정한 자선이다. 톨스토이는 "자선은 그것이 희생일 경우에만 자선"이라고 말했다.

계시

스승이 경전에 있는 것보다도 훨씬 소중한 계시를 학자에게 약속했다.

학자가 계시를 열렬히 요구하자, 스승은 이렇게 말했다.

"빗속으로 나가서 머리를 쳐들고 팔을 하늘로 향해 뻗게나. 첫 번째 계시를 받을 것이네."

다음날 학자는 스승에게 보고하러 왔다.

"스승님의 말씀대로 했습니다. 빗물이 목을 타고 흘러내리더군요. 그런데 전 완전히 바보가 된 느낌이었어요."

"그래," 스승이 말했다. "첫날에 그 정도면 아주 명백한 계시일세, 그렇지 않은가?"

특별한 종교적 체험을 갈구하기 이전에 자신의 내면에 널려 있는 욕망의 쓰레기부터 치워라.

믿음

무신론자가 절벽에서 떨어졌다. 밑으로 굴러 떨어지던 그는 작은 나뭇가지 하나를 잡았다. 천길 아래는 온통 바위투성이였고, 그는 자신이 더 이상 나뭇가지를 잡고 있을 수 없다는걸 알았다.

그때 퍼뜩 어떤 생각이 떠올랐다. 그는 온 힘을 다해 소리쳤다.

"신이여!"

침묵! 아무런 응답도 없었다.

"신이여!" 그는 다시 소리쳤다. "신께서 존재하신다면 날 구원하옵소서. 그렇게만 하신다면, 전 당신을 믿을 것이며 다른 사람도 믿도록 이끌 것임을 맹세합니다."

다시 침묵! 거의 나뭇가지를 놓을락 말락 할 때, 그는 계곡을 울려 퍼지는 전지전능한 자의 음성을 들었다.

"네가 한 말은 곤경에 빠진 자들이 늘 하는 말이다."

"아닙니다, 신이여! 절대로 아닙니다." 그는 더욱 희망에 차서 소리쳤다. "전 남들과 다릅니다. 왜냐면 전 이미 믿기 시작했습니다. 보시다시피 전 당신의 목소리를 들었지 않습니까? 이제 절 구해주시기만 한다면, 전 당신의 이름을 지상 끝까지 전파할 것입니다."

"아주 좋네." 목소리가 말했다. "내가 자넬 구해주지. 그 나뭇가지를 놓게나."

"나뭇가지를 놓으라고요?" 남자는 믿기지 않는다는 듯이 소리쳤다. "당신 생각엔 내가 미친 것으로 보입니까?"

겨자씨만 한 믿음이라도 있다면 산도 옮길 수 있다고 예수는 말한다. 당신은 이 말씀을 믿고 있는가, 의심하고 있는가?

산의 메아리

　도시에서 온 아이가 처음으로 아버지와 함께 산 위에 사는 아저씨 집에서 방학을 보내게 되었다. 아이는 매우 흥분해서 크게 소리쳤다.

　"야~."

　뜻밖에도 계곡에서 "야~" 하는 소리가 들려왔다.

　아이는 어떤 사람이 자신에게 농담한다고 생각해서 큰소리로 말했다.

　"넌 누구니?"

　대답은 역시 "넌 누구니?"였다. 아이는 약간 화가 나서 소리쳤다.

　"이리 나와 봐!"

　하지만 역시 "이리 나와 봐" 하는 대답이 들려왔다. 아이는 이번에는 더욱 화가 나서 소리쳤다.

　"널 때려줄 거야."

　대답은 역시 같았다.

　"널 때려줄 거야."

　아이는 화가 나서 엄마에게 어떤 사람이 자기를 놀린다고 말했다. 지혜로운 엄마는 물론 그것이 계곡에서 들려오는 메아리라는 것을 알고 있었다. 그녀는 아이에게 "사랑해"라고 말해 보라고 했다.

아이가 "사랑해"라고 말하자, 과연 "사랑해"라는 대답이 돌아왔다.

황금 달걀

성서의 내용은 다음과 같다;

어느 산골 오두막에서 날마다 황금 달걀을 하나씩 낳는 닭이 있었다. 주인의 아내는 황금 달걀로 돈을 벌게 되어서 매우 기뻤다. 그러나 욕심 많은 아내는 날마다 한 개씩 기다리는 걸 참을 수 없었다. 그래서 닭을 죽여 황금 달걀을 한꺼번에 꺼내 갖기로 결심했다. 그러나 닭을 죽이고 나서 얻은 것이라곤 반쯤 이루어지다만 달걀과 더 이상 달걀을 낳을 수 없는 죽은 닭뿐이었다.

무신론자가 이 대목을 보고는 비꼬았다.

"이게 하느님 말씀이라고! 정말 유치하구만. 황금 달걀을 낳는 닭이라고? 이 따위를 믿고 의지하다니 정말 가관이군."

신학자는 이 대목을 읽고 이렇게 반응했다.

"역사적으로 황금 달걀을 낳는 닭이 있었다는 사실을 주께서 분명히 말씀하셨다. 설사 그것이 우리 빈약한 인간의 머리로는 황당한 소리로 들린다 할지라도 주께서 한 말이니 참일 수밖에 없다. 사실 고고학적 연구에서도 황금 달걀을 낳는 신비한 닭이 실제로 존재했음이 어슴푸레하게나마 암시되고 있다. 물론 혹자는 달걀이 달걀이면서 동시에 황금 달걀일 수 있느냐는 문제를 제기할 수도 있을 것이다. 물론 그건 능히 제기할 만한 문제이다. 하지만 대답할 수 없다는 데 문제가 있다.

이 문제에 관해선 종파 간에 갖가지 설명이 시도되고 있지만, 어쨌든 궁극적으로 요청되는 것은 인간 지성을 당혹케 하는 이 신비에 대한 신앙심일 것이다……."

설교자는 이 대목을 읽고 이 마을 저 마을로 다니면서 열렬히 촉구했다. 다음과 같이 말이다.

"역사상 어느 시점에서 하느님이 황금 달걀을 창조하셨음을 믿고 고백하시오."

진리에 대한 지각이 분명하면 분명해질수록 덜 따지고, 덜 판단하고, 덜 논쟁한다.

실상에 대한 통찰이 깊어지면 깊어질수록 보고 느낀 것에 대해 덜 말하게 된다.

진정한 봉사

한 수피가 거지 차림을 하고 메카에 갔다가 이발사가 부자에게 면도를 해주는 광경을 보았다. 수피가 다가가서 이발사에게 면도를 청하자, 이발사는 부자를 버려두고 즉시 수피 성자의 면도를 먼저 해주었다. 그리고는 이발료도 받지 않고 동냥까지 몇 푼 주었다.

그 수피는 감동한 나머지 그날 동냥 받은 것을 모두 이발사에게 갖다 주기로 마음먹었다. 마침 그날은 부유한 순례자가 수피에게 금화 한 주머니를 주었다. 저녁이 되자, 수피는 이발소로 가서 금화를 이발사에게 주었다. 그러자 이발사가 수피에게 호통을 쳤다.

"무슨 놈의 수행자가 이 따위란 말이오. 사랑의 봉사에 값을 치르다니 부끄럽지도 않소!"

진정한 봉사는 거래가 될 수 없는 법이다.

계명을 지킨 뜻은

하느님이 어느 날 천당을 시찰하다가 깜짝 놀랐다. 모두가 천당에 와 있고 지옥에 보내진 자는 하나도 없었기 때문이다. 하느님은 언짢은 기분으로 천사 가브리엘을 불러 말했다.

"한 사람도 빠짐없이 내 앞으로 불러 모아서 십계명을 읽어 주어라."

천당에 있던 모든 사람들이 하나님 앞으로 소환되었다. 이윽고 가브리엘이 첫 계명을 낭독하자 하느님이 말했다.

"이 계명을 어긴 자는 모두 당장 지옥으로 가라."

그러자 몇 사람이 무리에서 나와 슬퍼하면서 지옥으로 갔다.

둘째 계명이 낭독되고, 셋째 계명……, 넷째 계명……, 다섯째 계명이 낭독되자 천당의 인구는 매우 줄어들었다. 이윽고 여섯째 계명이 낭독되자 모두 지옥으로 갔다. 단 한 사람, 늙은 대머리 뚱보를 빼고는 말이다.

하느님이 가브리엘에게 말했다.

"이 한 사람만 남았단 말이냐?"

"예, 그렇습니다."

"그리고 보니 천당이 너무 쓸쓸한 것 같구나. 모두를 다시 천당으로 돌려보내라."

모두를 용서한다는 하느님의 말을 듣자, 뚱보는 화가 치밀어 외쳤다.

"이런 부당한 처사가 어디 있습니까? 이럴 거면 진작 저에게
말씀해주시지요. 너무나 억울합니다!"

상벌을 내세우고 교조적인 정의만을 고집하는 고지식한 자는 관용과 용서
를 수용하지 못한다.

파계

한 수피 성자가 메카에서 돌아오다가 어느 마을에 들렀다. 순식간에 성자를 존경하는 마을 사람들이 몰려들어서 그를 영접하겠다고 난리법석을 피웠다. 성자는 이런 대접엔 넌더리가 났지만, 꾹 참고 있다가 장터에 이르자 빵 하나를 사서 씹어 먹었다. 놀란 눈으로 바라보는 사람들을 뒤로 하고 말이다.

사실 그날은 라마단 금식일이었기 때문에 누구나 금식을 해야 했다. 성자는 여행 중이라 그 계율을 지키지 않아도 된다고 생각했지만, 사람들은 전혀 그렇지 않았다. 그들은 성자의 행동에 화를 내며 모두 돌아가 버렸다.

성자가 빙그레 웃으며 제자에게 말했다.

"잘 보거라. 내가 사람들의 기대에 어긋나는 순간, 나에 대한 그들의 존경심도 사라지는 것을."

사람들의 기대와 존경을 한 꺼풀 벗겨보면 자기만의 잣대로 멋대로 재단하고 있음을 발견할 수 있다.

장님

　어느 날 장님 소년이 날 찾아왔다. 더러운 옷을 걸친 돈 한 푼 없는 소년이었다. 내가 놀라서 물었다.

　"너는 장님인데 누구와 함께 왔니?"

　"저는 아무도 필요 없어요. 장님이라서 모두들 도와주거든요."

　아이는 매우 행복한 모습이었다. 아이가 말을 이었다.

　"제가 장님이기 때문에 모두들 저를 도와줘요. 어떤 사람은 음식을 주고, 어떤 사람은 차표를 사주기도 합니다. 인력거꾼은 저를 이곳에 데려다 주면서도 돈을 받지 않았답니다. 모두가 절 동정하죠. 제가 어디에 있든 누군가 절 돕습니다."

　이것을 받아들임이라 한다. 아이는 눈이 먼 상황 속에서도 뭔가를 발견했다. 아이는 자신을 눈멀게 한 신에게 감사하고 있다.

　일단 받아들이도록 노력하라. 그대가 받아들이면 문은 열리기 시작한다.

신분확인

어떤 사람이 수표를 현금으로 바꾸기 위해 은행을 찾아갔다. 그는 은행계좌가 없었기 때문에 직원은 그에게 신분확인을 요구했다. 그가 물었다.

"혹시 근처에 거울이 있습니까?"

"예, 선생님 곁에 있는 기둥에 걸려 있습니다."

그는 거울을 힐끗 보고 나더니 안도의 한숨을 내쉬었다.

"아, 정말 내가 맞네요."

거울과는 달리 그대는 다른 사람의 눈을 통해 자신을 본다. 남이 그대를 좋은 사람이라 하면 '그대'는 자신을 좋은 사람이라 하고, 남이 그대를 아름다운 사람이라고 하면 '그대'는 자신을 아름다운 사람이라고 한다. 어느 누구도 자신이 누구인지 알지 못하고 남들의 말에 의존하고 있다.

누군가가 그대에게 바보라고 말할 때 마음에 상처를 입는 것도 이런 이유 때문이다. 그가 바보라고 말했다고 해서 그대가 바보가 되는 것도 아닌데 그대는 왜 상처를 입는가? 바로 그대가 자신에 대해 알고 있는 것은 남의 입에서 나온 것이기 때문이다.

어느 목사

어느 목사가 장로의 집을 찾아가서 그 집 할머니의 질문에 대답해주고 있었다. 할머니가 물었다.

"어째서 주†께서는 번번이 우리에게 전염병을 보내실까요?"

목사가 대답했다.

"글쎄요. 아마 사악한 사람들을 제거할 필요가 있어서 전염병이 도는 걸 허락하신 거겠죠."

이 말을 들은 할머니가 따졌다.

"하지만 수많은 착한 사람들마저 사악한 사람들과 함께 제거되는 것은 무슨 까닭입니까?"

"착한 사람들은 증인으로 부르심을 받은 겁니다. 주께서는 하나하나의 영혼을 공정히 심판하려고 하시니까요."

종교적 도그마에 사로잡힌 종교인이 설명 못할 문제란 없다.

앞쪽으로 등을 지다

사마르칸드의 황제가 어느 날 현자賢者에게 말했다.

"이성적인 사람들은 늘 똑같은 방식으로 사물을 봅니다."

현자가 답했다.

"그건 이성적인 사람들한테 꼭 따라붙는 문제입니다. 그들은 두 가지 가능성 가운데 한 가지만을 바라보고 있죠."

황제는 신학자와 철학자들을 불러서 현자의 말에 대해 설명하도록 했다. 하지만 그들은 현자가 엉뚱한 얘기를 지껄이고 있다고 생각했다. 그래서 현자는 다음날 나귀의 꽁무니 쪽을 바라보는 자세로 나귀를 타고서 읍내를 지나갔다.

왕궁에 당도한 현자는 철학자와 신학자들과 함께 앉아 있는 황제에게 말했다.

"폐하, 이 사람들한테 무얼 목격했는지 물어보십시오?"

그들은 질문을 받자, 모두 다음과 같이 대답했다.

"등을 앞으로 하고 당나귀를 타고 간 남자입니다."

"그게 바로 내가 지적하고자 하는 요점입니다. 저 사람들의 문제점은 내가 옳고 당나귀가 틀렸다는 걸 인식하지 못했다는 점이죠. 왜 당나귀가 거꾸로 된 자세로 가고 있다고는 말하지 않는 겁니까?"

 ······························

고정관념으로 사물을 보는 병폐는 뿌리가 깊어서 없애기 쉽지 않다.

예배

   종교적이고 헌신적이며 신에 대한 사랑으로 가득 찬 여인이 있었다. 매일 아침마다 그녀는 교회에 갔다. 도중에 아이들이 부르고 거지들이 인사를 했지만, 그녀는 교회 예배에 깊이 빠져 있기 때문에 그들을 거들떠보지도 않았다.

   그러던 어느 날, 그녀는 평상시처럼 걸어서 제 시간에 교회에 도착했다. 그녀는 문을 열었다. 하지만 문은 열리지 않았다. 더 세게 문을 열어보았지만, 문은 잠겨 있었다.

   몇 년간 처음으로 예배하지 못한다는 생각에 몹시 괴로웠지만, 어찌하면 좋을지 몰랐다. 그런데 문득 위를 쳐다보다가, 바로 문 앞에 핀으로 꽂은 메모지가 보였다. 메모지에는 이렇게 쓰여 있었다.

   "난 밖에 있소."

   신은 언제 어디서나 있다. 길가에 핀 꽃이나 거리에서 노는 아이들에게도 신은 존재한다.

소년과 거북이

한 어린 소년이 깊은 상심에 빠졌다. 자기가 아끼던 애완용 거북이가 연못가에서 배를 드러낸 채 숨소리도 없이 누워 있었기 때문이다.

소년의 아버지는 온 힘을 다해 아이를 달랬다.

"울지 마라, 애야. 우리 거북이 아저씨를 위해 멋진 장례식을 치러주자꾸나. 비단이 덮인 관을 씌우고, 묘비에는 거북이 아저씨의 이름을 새겨놓자. 그리고 묘지에다가는 매일 싱싱한 꽃을 갖다 놓고 둘레에다간 아담한 울타리를 치자꾸나."

어린 소년은 눈물을 닦으면서 아빠의 제안에 크게 기뻐했다. 모든 준비가 끝나고 묘지 주변엔 아빠와 엄마를 비롯한 조객들이 늘어섰다. 그리고 연못가로 엄숙히 다가가서 거북이 몸을 옮기려는데, 거북이의 모습이 보이지 않았다.

갑자기 연못 깊은 곳에서 거북이가 나와 유유히 헤엄치는 모습이 보였다. 어린 소년은 깊은 좌절감 속에서 자기 벗을 바라보며 말했다.

"저 거북일 죽여요."

상대를 사랑한다고 생각한 것이 오히려 자기애自己愛에 불과할 수도 있다. 그래서 자기애에 상처를 입으면 상대에 대한 사랑은 증오로 변한다.

성자와 농부

한 성자가 자신의 신을 열심히 경배했다. 너무나 열심히 경배한 나머지 그는 자기보다 더 신을 사랑하는 자는 이 세상에 없다고 생각하게 되었다.

신이 그의 마음을 읽고 말했다.

"저 강가의 마을로 가게나. 그곳엔 나를 경배하는 사람들이 살고 있지. 그들과 벗이 되어 살면 도움이 될 걸세."

그 마을로 간 성자는 한 농부를 발견했다. 농부는 아침 일찍 일어나 신의 이름을 한 번 부르고는 쟁기를 들고 밭에 나가 하루 종일 일했다. 그리고 잠자기 전에 다시 한 번 신의 이름을 불렀다. 성자는 생각했다.

"신에 대한 경배가 어쩌면 이렇게 촌스러울까? 하루 종일 세속적인 일에만 몰두하고 있잖아."

그때 신이 그에게 말했다.

"우유를 그릇에 가득 채워서 마을을 한 바퀴 돌게나. 한 방울도 흘리지 않고 다시 돌아와야 한다네."

성자는 신의 말대로 했다. 신이 물었다.

"자넨 마을을 한 바퀴 도는 동안 몇 번이나 날 생각했나?"

"한 번도 못했습니다, 신이여." 성자가 말했다. "우유를 흘리지 않도록 신경 쓰느라고요."

신이 말했다.

“자네의 주의력이 그릇에 쏠려 있느라고 날 잊어버렸던 것이
네.
　하지만 저 농부를 보게나. 가족을 부양하는 무거운 짐을 지
고 있는데도 하루에 두 번씩 날 생각하고 있지 않은가!”

기도가 타성에 젖으면 그 기도는 진실하지 않다. 단 한 번이라도 순수한
마음으로 기도드릴 때 신은 그 기도에 응한다.

대책

　나는 거리에서 조그만 소녀가 얇은 옷을 입고 추위에 떠는 것을 보았다. 그 어린 소녀는 밥 한 끼도 제대로 먹지 못한 듯 앙상한 모습이었다. 나는 화가 치밀어 하느님께 외쳤다.
　"어째서 이런 일을 허락하십니까? 뭔가 대책을 세워야지요!"
　하느님은 묵묵히 계시다가 그날 밤 문득 대답하셨다.
　"난 틀림없이 대책을 세웠네. 바로 자넬 창조한 것이네."

세상의 모든 일에 당신은 책임이 있다고 생각하는가, 없다고 생각하는가?

양

양이란 동물이 거의 알려지지 않은 나라가 있었다. 이를테면 모든 사람들이 말로는 양에 대해 들어봤지만, 실제로 그 나라에 양이 들어온 적은 없었던 것이다. 상황이 이렇자 어느 누구나 양에 대한 생각에 너무 집착하고 있었다.

물론 양에 대한 실질적인 정보가 부족했지만, 그 나라 학자들은 끊임없이 양에 관한 정보를 수집하고 걸러내고 비교하고 확대하는 일을 계속했다. 이처럼 양에 몰두한 사람들은 '신도들'로 불렸다. 양 연구에 집중하는 지적이고 정서적인 생활의 결과로서 모든 사람들은 양에 관해 얻을 수 있는 지식이 매우 많을 거라고 믿었다.

그러던 어느 날 한 사람이 국경을 넘어오다 붙잡혔는데, 그는 문제의 양을 가지고 왔다.

양을 숭배하는 목사들이 말했다.

"이건 법적으로 당연히 우리 것이야."

양을 연구하는 학자들이 말했다.

"이건 우리 것이야. 연구를 해야 하니까."

다른 주장을 펼칠 만한 생각이 떠오르지 않은 사람들은 이렇게 말했다.

"아냐, 이건 우리가 먹을 거라고."

어리둥절한 양 주인이 말했다.

"이 양은 내 것이오. 대체 어떤 이유로 당신들 거라고 주장하는 거죠? 당신들이 그토록 갖고 싶다면 이 양을 사시오. 그리고 나를 보내주기 바라오."

어떤 사람이 사납게 소리쳤다.

"어떤 놈이 양처럼 존귀한 걸 판다고 말하는가?"

결국 옥신각신하던 사람들은 이런저런 이유로 그 짐승은 양이 아니라는 결론을 내렸다. 그 짐승의 주인도 사기꾼이라는 결론이 내려졌다. 그들이 말로만 들어오던 양의 모습이 그 짐승의 모습이긴 해도 이것은 가짜가 틀림없다고 말했다. 학자와 재판관들은 양의 주인을 처벌해야 한다는 결론을 내렸고, 마침내 그 남자는 감옥에 갇히고 말았다.

양은 연단으로 끌려나왔다. 진짜 양이라면 초자연적 능력을 발휘해 대중의 경배를 받도록 하기 위해서였다. 하지만 음식을 먹지 못한 그 짐승은 결국 굶어죽고 말았다. 이렇게 되자 그 짐승은 진짜 양이 아니라는 증거가 된 채 그 나라 사람에게는 아무 쓸모없는 것이 되고 말았다.

종교를 맹신하게 되면 우상화가 시작된다. 다음엔 그 우상을 바탕으로 사실을 멋대로 왜곡한다. 메시아를 그토록 고대했던 사람들도 결국 그를 십자가에 못 박지 않았던가!

갈증

개가 암소에게 말했다.

"난 내 갈증을 풀 수 있는 곳으로 가서 실컷 물을 마시고 싶어. 한 입 가득 꿀꺽꿀꺽 마시고 싶단 말이야. 내가 있는 더러운 웅덩이에선 깔짝깔짝 핥을 수만 있지 갈증을 풀기엔 어림없거든."

암소는 개를 커다란 호숫가로 데리고 갔다. 개가 물을 핥는 것을 보고 암소는 깜짝 놀랐다.

"왜 지금도 물을 핥고 있지? 여긴 물이 많잖아. 왜 한 입 가득 꿀꺽꿀꺽 마시지 않는 거야?"

개가 슬픈 목소리로 대답했다.

"난 오늘에 와서야 '개는 어딜 가더라도 물을 마실 때는 핥을 수밖에 없다'는 말의 진실을 깨달았어."

욕망이란 개는 언제까지나 세속의 쾌락을 핥으면서 갈증에 시달린다.

죄수

종교 재판소장이 법정의 죄수에게 말했다.

"당신은 사람들을 현혹시켜 우리의 법과 전통과 성스런 종교적 관습을 깨트렸소. 할 말 있습니까?"

"인정합니다, 재판장님."

"그리고 이단자들, 매춘부들, 세금 징수원들, 식민지 지배자들-요컨대 파문된 자들-과 빈번히 교제했소. 할 말 있습니까?"

"인정합니다, 재판장님."

"게다가 교회 내의 권위 있는 사람들을 비판하고 탄핵하는데 앞장섰소. 할 말 있습니까?"

"인정합니다, 재판장님."

"마지막으로 우리 신앙의 경건한 교리를 문제 삼고, 수정하고, 고쳐나간 죄가 있소. 할 말 있습니까?"

"인정합니다, 재판장님."

"당신 이름은 뭡니까?"

"예수 그리스도입니다, 재판장님."

혁명적 변혁을 이룩한 자는 당대에는 반항아요 이단자다. 기존의 질서와 관습을 깨뜨리지 않고서는 새로운 변혁이 불가능하기 때문이다.

달

　료칸 선사는 작은 산의 움막 안에서 지독히도 가난하게 살았다. 어느 날 집에 도둑이 들어왔다. 그러나 도둑은 가지고 갈 만한 것을 아무것도 발견하지 못했다. 료칸이 그에게 말했다.

　"그대는 아주 멀리서 날 찾아왔을 터이니, 난 그대를 빈손으로 보낼 수가 없구나."

　료칸은 자신의 옷을 벗어서 어쩔 줄 모르는 도둑에게 주었다. 그리고는 마루 위에 벌거벗은 채 앉아서 달을 바라보다가 탄식하며 말했다.

　"가엾은 친구, 이 멋진 달을 가져갈 수만 있었다면 좋았을 텐데……."

　또 한 번은 마루 밑에서 자라고 있던 죽순이 마루에 닿을 정도가 되자 마루를 뜯어서 대나무가 뻗어나갈 수 있도록 했다. 이 대나무가 점점 자라서 천장까지 닿을 정도가 되자, 이번에는 천장을 뜯어서 대나무가 자랄 수 있도록 했다. 그리고는 그 구멍으로 비가 오든 눈이 오든 태연한 모습으로 "야, 대나무가 많이 컸구나, 많이 컸어" 하면서 그 대나무를 사랑하였다.

어느 누가 료칸의 이 풍요로움을 당하겠는가?

크리스털 물고기

어느 누구에게나 늘 친절을 베푸는 착한 젊은이가 있었다. 어느 날 그는 어부로부터 크리스털 물고기를 선물로 받았다. 젊은이는 그 고기를 애지중지 아꼈으나 그만 잃어버리고 말았다.

세상에서 보기 드문 것을 잃어버린 젊은이는 무척 상심하고 말았다. 그러던 어느 날 그는 우연히 어떤 사람이 크리스털 물고기로 목걸이를 하고 지나가는 것을 보았다.

젊은이는 그 사람을 데리고 법정으로 가서 그를 도둑으로 몰았다. 법관은 판정을 내리기 전 목걸이를 한 사람에게 최후 진술을 하도록 시켰다.

"어느 어부에게나 물어보십시오. 어부들은 누구나 이런 물고기 장식을 목에 걸고 다닙니다. 이 목걸이는 제 것입니다. 이 눈과 코가 제 것이듯 이 목걸이도 제 것이지요."

"그렇다면 왜 진작 말하지 않았소?" 판사가 물었다.

"내가 증명하기 어려운 걸 구차하게 증명하려고 애쓰는 것보다는 모든 관계자들이 모였을 때 자연스럽게 증명하는 것이 낫기 때문입니다."

"우리 모두 많이 배웠소." 판사가 말했다.

그러자 목걸이를 한 어부가 덧붙였다.

"만약 진실이 증거에 의해 입증될 때만 인정된다면, 우리 지식은 반으로 줄어들 것입니다."

그 어부는 지식을 직관적으로 파악하는 유파에 속한 사람이
었다.

그들은 증거보다는 직관에 의해 결론에 이르고 증거를 중시
하지 않는 사람들이었다. 진리가 왜 증거를 필요로 하는가?

객관적으로 증명이 되어야만 진리라고 주장하는 사람들이 있다. 하지만
자기가 낳은 자식을 '출생신고서'로 증명해야만 한다면 너무 우스꽝스럽지
않은가!

너는 누구냐?

한 여인이 열병으로 죽어가고 있었다. 갑자기 그녀는 자기가 하늘로 올라가서 염라대왕 앞에 선 기분이 들었다.

"넌 누구냐?"

어떤 목소리가 그녀에게 물었다.

"난 시장의 부인입니다."

그녀가 대답했다.

"누구의 아내인지를 물은 것이 아니라 네가 누군지 물었다."

"난 네 아이의 어머니입니다."

"누구의 어머니인지를 물은 것이 아니라 네가 누군지를 물은 것이다."

"난 학교 선생입니다."

"네 직업을 물은 것이 아니라 네가 누군지를 물었다니까!"

그녀는 이런저런 대답을 했지만, '네가 누구냐?'는 질문에 대해서 만족할 만한 대답을 하지 못했다.

"전 크리스천입니다."

"네 종교가 무언지를 물은 것이 아니라 네가 누군가를 물었다."

"전 매일 교회에 가서 불쌍하고 곤궁한 사람을 도왔습니다."

"네가 무얼 했는지를 물은 것이 아니라 네가 누군지를 물었다니까!"

그녀는 결국 시험에 실패해서 다시 지상으로 보내졌다. 열병이 회복되자, 그녀는 자신이 누군지 찾아내기로 결심했다. 그때부터 그녀는 완전히 달라졌다.

소크라테스는 "너 자신을 알라"고 했고, 선불교에서는 "부모에게 태어나기 이전의 네 본래 면목面目은 무엇이냐?"고 물었다.

겉옷

어느 날 '아름다움'과 '추함'이 바닷가에서 만났다. 그들은 서로에게 말했다.

"우리 수영하자."

둘은 겉옷을 벗고 바다로 들어가 수영을 했다.

얼마 후 '추함'이 해안으로 올라와서 '아름다움'의 옷을 입고 바로 가버렸다. 나중에 '아름다움'도 해안으로 올라왔지만 옷을 찾을 수 없었다. 그렇다고 벌거벗은 채로는 너무 쑥스러워서 '누추함'의 옷을 입고 떠났다.

오늘날까지도 사람들은 이들 둘을 혼동하고 있다.

하지만 몇몇 사람들은 '아름다움'의 얼굴을 보았기에 그녀가 '누추함'의 옷을 입고 있어도 여전히 알아본다. 또 몇몇 사람들은 '누추함'의 얼굴을 본 적이 있기에 그녀가 '아름다움'의 옷을 입고 있어도 그들의 눈을 속이지 못한다.

술을 담는 병이나 통으로 술을 판단하지 말라.(중세 서양의 속담)

소금 인형

소금 인형이 수만 리나 되는 육지를 돌아다니다가 바다에 이르렀다. 소금 인형은 지금껏 본 것과는 다른 이 거대한 물체를 보고 호기심을 느꼈다.

"넌 누구지?"

소금 인형이 바다에게 물었다.

"들어와서 보려무나."

바다가 웃으며 대답했다.

소금 인형은 바다 속으로 들어갔다. 들어갈수록 소금 인형은 점점 녹아서 나중에는 티끌 같은 한 점만 남게 되었다. 이 마지막 한 점이 녹기 전에 소금 인형은 경이에 찬 목소리로 외쳤다.

"이제야 내가 누군지를 알겠어!"

'나'라는 에고가 존재의 바다 속에 녹아버렸을 때에야 비로소 역설적으로 나를 안다 – 무아일 때 진정한 '참나'가 드러나는 것이다.

어부 이야기

한 부유한 사업가는 자기 배 곁에 어떤 어부가 빈둥거리며 누워 있는 것을 보고 어처구니가 없었다.

"왜 고기를 잡으러 가지 않소?"

"오늘 분량은 이미 잡았습니다."

"더 많이 잡으면 되잖소?"

"무엇 때문에요?"

"그래야 돈을 벌 수 있잖소. 돈을 벌어 발동기를 사면 더 많은 고기를 잡을 것이며, 그 고기를 판 돈으로는 더 큰 그물을 갖춰서 더욱더 많은 고기를 잡을 것이오. 그렇게 되면 얼마 안 가서 배도 살 수 있겠고…… 나중에는 나처럼 부자가 될 수도 있을 것이오."

"그런 다음에는 뭘 하죠?"

"그리고 나선 편안히 앉아 쉬면서 인생을 즐기는 것이오."

"당신은 지금 내가 뭘 하고 있다고 생각하십니까?"

어부는 부자를 바라보며 미소를 짓고 있었다.

부富에 소유당한 자는 결코 인생을 누릴 수 없다.

지옥 이야기

하느님의 아들이 십자가에 못 박히고 난 뒤에 곧장 십자가에서 지옥으로 내려가 죄인들을 모두 석방했다.

그러자 지옥의 마왕은 더 이상 죄인을 얻지 못할 거라고 생각해서 하염없이 울었다. 그때 하느님이 마왕에게 말했다.

"울지 마라. 선행을 내세우고 죄인을 단죄하면서 스스로 의로운 사람이라거나 성자라고 뽐내는 자들을 모두 네게 보내주겠다. 그렇게 되면 다시 내가 올 때까지 지옥은 또 한 번 가득 찰 것이다."

자기는 지옥에 가지 않을 거라고 생각하는 사람들이 가장 지옥을 들먹인다.(H.L.윌슨)

악마

　악마가 빛의 천사로 변신해서 성스러운 수행자 앞에 나타나
말했다.
　"난 빛의 천사요. 전지전능한 자가 날 그대에게 보냈소."
　수행자가 대답했다.
　"다시 생각해보기 바랍니다. 틀림없이 나 아닌 다른 사람에
게 보냈을 겁니다. 난 천사가 찾아올 만한 가치 있는 행동을 전
혀 한 적이 없습니다."
　이 말을 들은 악마는 사라져버렸다. 그 뒤 두 번 다시 수행자
근처에는 접근도 하지 못했다.

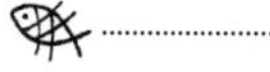

'나'라는 에고가 사라진 사람에게 악마가 접근한들 무슨 일을 하겠는가?

미해결

바보 나라의 두 양반이 '점잖은 사람'이라 불리는 자가 바보 나라를 방문한다는 소식을 들었다.

두 양반은 그 사람을 만나고 싶은 나머지 도시의 광장으로 갔다. 거기서 그들은 벤치에 앉아 있던 낯선 사람을 보았다. 한 양반이 다른 양반에게 물었다.

"저자가 그 사람이라고 생각해?"

"왜 가서 물어보지 않는 거야?"

첫 번째 양반이 낯선 사람에게 다가가서 물었다.

"실례합니다만, 당신이 '점잖은 사람'입니까?"

낯선 사람이 대답했다.

"당장 꺼지지 않으면, 네 얼굴을 박살내고 말 거야!"

첫 번째 양반은 친구가 있는 곳으로 되돌아갔다.

"우리가 찾고 있는 사람이 저 사람 맞아?"

"모르겠어, 그가 내게 말해주지 않았거든."

말은 진실을 담는 그릇일 수 있다. 그러나 말이란 그릇에만 집착하다 보면 정작 그릇에 담기는 내용물은 간과하게 된다.

지원자

한 제자가 세속을 버리고 열렬히 수행자가 되고 싶어했다. 하지만 그는 가족이 자기를 너무 사랑한 나머지 놓아주질 않을 거라고 주장했다.

"사랑한다고?" 스승이 말했다. "그건 전혀 사랑이 아냐. 자…….."

스승은 제자에게 잠깐 죽은 체할 수 있는 비결을 전수했다. 다음날 제자는 겉으로는 완전히 죽어 있었다. 집안은 가족들의 오열과 울부짖음으로 가득 찼다.

스승이 나타나서 울고 있는 가족들에게 말했다.

"누군가 그 대신 죽을 수만 있다면, 내가 제자의 생명을 되돌려놓을 수 있소. 지원자가 있습니까?"

죽은 척하던 제자는 깜짝 놀랐다. 가족 한 사람 한 사람마다 죽어선 안 되는 이유를 늘어놓기 시작했던 것이다. 특히 아내의 말은 모든 사람이 하고 싶은 말을 대변하고 있었다.

"어느 누구도 대신 죽을 필요를 느끼지 않아요. 우린 그 이가 없어도 잘 해나갈 수 있어요."

당신이 사랑한다고 생각하는 모든 것들이 실제로는 당신의 애착이나 자기연민의 결과일 수도 있다.

두 개의 바구니

하느님은 두 천사에게 바구니를 들고 인간세계로 가서 사람들의 기도를 모아오라고 시켰다. 한 천사에게는 사람들의 소원을 모으고, 또 다른 천사에게는 감사의 기도를 모으게 했다.

소원을 모은 바구니는 금방 가득 찼다. 천사는 급히 이 소원들을 하느님 앞에 가져왔다. 그러나 감사의 기도를 모으는 천사는 날이 어두워질 때까지 뛰어다녔으나 바구니는 채워지지 않았다.

대체로 사람들의 감사하는 마음은 좀 더 큰 은혜를 얻겠다는 은근한 욕심에 지나지 않는다. (라 로시푸코)

한 줄의 잠언

• 뛰어난 사람에겐 독재로 보이는 것이 평범한 사람에겐 정의로 보일 수 있다.

• 호랑이가 못하는 것을 고양이가 할 수 있다.

• 세상에서 자랑하는 사람보다 더 나쁜 사람은 불평하는 사람이다.

• 잡히지 않는 도둑은 왕이다.

• 학자에게 문제가 없다는 것은 가장 풀기 어려운 문제이다.

• 누울 수 없으면 너무 오래 서 있게 마련이다.

• 게임에서 가장 잘하는 선수는 관중이다.

• 호랑이 문제를 해결하려면 호랑이가 돼라.

• 물고기도 배가 고프면 물고기를 문다.

• 사람을 알려면 그의 적들이 말하는 것을 들어라.

• 어둠이 짙으면 촛불 한 자루로도 족하다.

• 일을 마치는 사람이 참 일꾼이다.

• 그릇은 국보다 더 뜨겁다.

• 해가 지면 박쥐가 날아온다.

• 한 대의 화살은 두 과녁을 맞힐 수 없다.

• 솥이 따뜻할 때 밥을 지어라.

• 한 마디의 거짓말은 사십 마디의 진실보다 위력이 있다.

• 모든 막대기에는 양끝이 있다.

• 사람의 능력은 그의 희망에 비례한다.

• 사는 집의 좋고 나쁨은 사는 사람에 달려 있다.

• 자신의 안위만을 걱정하는 사람은 성공의 진정한 의미를 모
른다.

• 만족이란 썩지 않는 보물이다.

• 칼은 사람을 죽이기 위해 고안되었는데, 만약 사람의 혀 모
양으로 만들면 더욱더 위력이 있을 것이다.

• 세상은 환상이지만 진실은 이곳에 뿌려진다.

• 선한 사람의 죽음은 자신의 해방이고, 악한 사람의 죽음은
타인의 해방이다.

• 신선한 물이 있다는 걸 들어본 적이 없는 새는 짠 소금물을
마실 뿐이다.

• 자유인을 사랑으로 사로잡는 것은 천명의 노예를 해방시켜
주는 것보다 낫다.

• 세상은 신부처럼 공평하지만, 아무도 이 신부와 결혼하지 않을 것이다.

• 사람은 오직 이름이 잊힐 때 사망하는 것이다.

• 내 것은 보석보다 늘 소중하다.

• 친구와 다투는 것이 원수를 도와주는 것보다 낫다.

• 우물을 파지 않는 사람은 등불도 갖지 못한다.

• 질투하는 자는 자신의 수감자이고, 욕심이 가득한 사람은 결코 만족하지 못한다.

• 아무리 뛰어난 의사도 혀가 입힌 상처는 치료할 수 없다.

• 차 한 잔이라도 얻어 마시면 빚이다.

• 상추를 먹다가도 이가 부러질 수 있다.

• 시간에 대한 사람들의 불평은 너무 짧고 빨리 지나간다는 것이다. 하지만 시간이 더디 가는 것처럼 보일 때, 사람들은 시간이 너무 느릿느릿하다고 불평한다.(시간)

• 상대를 발로 찬다 - 하지만 결국 상대는 당신을 용서할 것이다.

　상대에게 아첨한다 - 상대는 당신의 속셈을 간파할 수도 있고 못할 수도 있다.

　하지만 상대를 무시한다 - 그러면 상대는 당신을 증오할 것이다. 그 증오를 죽을 때까지 품고 있는 한이 있어도…….(인간)

• 내게 '선'이 무엇인지 안다고 생각하는 사람을 보여다오. 그러면 난 당신에게 인간의 두려움을 보여줄 수 있을 것이다.

　내게 정말로 '선'이 무엇인지 아는 인간을 보여 다오. 그러면 난 당신에게 그가 거의 '선'이라는 말을 쓰지 않는다는 걸 보여주리라.(선)

• 당신이 무가치하거나 진실이 아니라고 생각한 것이 실제로는 불필요성에서 나온 것은 아닌지 판단을 내리기 전에 확인하라. 누구에게나 진실인 것은 때때로 다른 사람의 비진실인

경우가 있다.(판단)

• 물릴 수 없는 세 가지 일이 있다. 첫째, 시위를 떠난 화살. 둘째, 성급하게 내뱉은 말. 셋째, 놓쳐버린 기회이다.

• 이슬비라도 개미에겐 폭우가 된다.

• 스승의 가혹함은 부모의 부드러움보다 훨씬 낫다.

• 나는 진정 내 나이를 모른다. 나이는 순간순간 변하기 때문이다.

• 단 하나의 가르침으로 현명해지고 싶은 사람에게 – 먼저 참된 인간이 되어라.

• 자제심을 기르는 근본 목적은 결국 자제를 벗어나기 위한 것이다.(자제심)

• 장님을 가르치려면, 먼저 눈을 감고 살아가는 법을 연마하라.(가르침)

제 2 장

마술사의 저녁 초대

알고 있는 것

한 스승이 제자가 되고 싶어하는 사람에게 말했다.

"네가 알고 있는 것을 모두 써와라. 삶에 대해서, 종교에 대해서, 영원에 대해서 알고 있는 것을 모두 써와라."

제자는 물러가서 자기가 알고 있는 것을 되새기면서 글을 쓰기 시작했다. 1년이 지나자 제자는 스승을 찾아갔다.

"스승님, 제가 알고 있는 것을 다 썼습니다만 진리와는 먼 것 같습니다. 사실 그래서 1년 전에 스승님을 찾아뵈었던 것입니다."

스승은 제자의 글을 읽었다. 수천 장의 종이에 빽빽이 들어차 있었다. 다 읽은 뒤 스승은 제자에게 말했다.

"훌륭하군. 그러나 너무 기니까 줄여오게."

제자는 물러가서 5년 뒤에 다시 스승을 찾았다. 제자의 글은 100쪽 정도로 압축되어 있었다. 스승이 이를 보고 웃으면서 말했다.

"그대는 이제 진리의 심장부에 이르고 있네. 그대의 생각은 아주 분명하고 굳건해. 하지만 아직도 기니 좀 더 압축해오게."

제자는 슬퍼하면서 돌아갔다. 그는 진리의 심장부에 이르기 위해 뼈를 깎는 노력을 기울였다. 10년이 지난 어느 날 제자는 다시 스승을 찾았다.

"스승님, 이것이 제가 알고 있는 것의 핵심이자 내 삶의 정수입니다. 부디 저에게 축복을 내려주옵소서."

스승은 제자의 글을 읽었다. 불과 5쪽밖에 되지 않는 글이었다. 압축될 대로 압축된 그의 말은 마치 다이아몬드처럼 빛나고 있었다. 스승은 그의 글을 조심스럽게 읽은 뒤 다시 말했다.

"이것이야말로 진리의 심장부에 이른 언어로다. 언어 이전의 언어이며, 언어로 잡아낼 수 없는 것을 잡아내고 있다. 하지만 아직 완전한 경지에 이르지는 못했구나. 돌아가서 마지막으로 정련해서 그 알맹이를 가져오게나."

얼마 후 제자는 다시 스승을 찾았다. 스승은 이제 때가 된 것을 알았다. 그에게 축복을 내려줄 때가 된 것을……. 제자는 말없이 한 장의 종이를 스승에게 내밀었다. 스승은 그 종이를 받았다.

종이 위엔 단 하나의 낱말도 적혀 있지 않았다.

그래서 선禪에서는 한 글자도 없는 진짜 경전[無字眞經]을 보라고 하고, 구멍 없는 피리의 소리를 들으라고 하는 것이다.

마술사의 저녁 초대

크고 번창한 마을 어귀에 집 한 채가 새롭게 지어졌다. 새집의 주인은 마술사였다. 집을 다 지은 마술사는 마을 사람들을 모두 초청하여 저녁식사 대접을 하겠다고 했다. 마을 사람들은 호기심과 기대를 가득안고 저녁 초대에 응했다.

사람들이 거의 다 모이고 저녁식사 시간이 되었다. 마술사는 식사를 시작하기 전에 먼저 마술을 몇 가지 보여주겠다고 했다. 모두 흥미 있게 관람했다.

마술을 마친 마술사는 사람들에게 마술을 더 볼 것인지, 아니면 식사를 할 것인지 물었다. 모두들 마술을 더 보겠다고 했다. 마술이 계속되었다. 마술을 보는 데 정신이 팔려서 한밤중이 되어서야 식사를 하기로 했다.

식사할 때쯤, 마술사는 사람들에게 마술을 걸었다. 사람들은 마술에 걸린 채 먹고 마시고 놀면서 밤새 즐겼다. 새벽이 되자 모두 일하러 나가야 했다.

"자, 일하러 갑시다."

그러나 마술사는 다시 마술을 걸어서, 사람들이 집에 돌아가 일하러 나가는 것처럼 만들었다. 이렇게 마술에 걸린 마을 사람들은 마술사의 손아귀에서 놀아나게 되었다. 일을 해도 오로지 마술사를 위한 것이었고, 사는 것 자체가 마술사의 마술 속에서 살 뿐이었다.

지금도 그 마을 사람들은 마술에 걸려 바쁘게 살고 있다. 그들은 왜 그처럼 일하는지도 모르고 일만 할 뿐이다.

환상은 실상의 외피外皮이다. 그래서 인생을 한바탕 꿈이라고들 한다. 이 사실을 깨달은 위대한 각자覺者들은 이렇게 읊고 있다.

"덧없는 나의 인생이여
  남아 있는 세월이 그 얼마나 되겠는고?"(한산)
"세상의 꿈속에서 꿈꾸듯이 태어나
  아침 이슬처럼 사라지리라."(일휴)

지금 여기

한 무사가 적에게 사로잡혀 감옥에 갇혔다. 그는 내일 당할 잔혹한 고문을 생각하느라고 잠을 이루지 못했다. 그때 문득 스승이신 선사의 가르침이 떠올랐다.

"내일은 현실이 아니다. 현재만이 유일한 현실이다."

무사는 스승이 말한 그 현재에 도달해서 편히 잠이 들었다.

찰나의 현재를 사는 사람은 시간의 극미한 조각을 사는 것이 아니다. 그 현재를 전체적으로 사는 사람은 바로 영원을 누리는 사람이다.

앎과 모름

어느 날 행자^{行者} 하나가 수행한 지 오래된 상좌^{上座}에게 다가가 공손히 물었다.

"사람다운 삶이란 무엇입니까?"

상좌는 스승이 쓴 책을 뒤져서 그것이 자기의 말인 양 자신 있게 대답했다.

"사람다운 삶이란 부처님의 공덕을 드러내는 삶이니라."

다른 날 행자는 상좌의 스승을 만나서 같은 질문을 했다. 스승이 대답했다.

"나는 모른다."

상좌는 빌려온 지식을 팔아 무지를 샀고, 스승은 모름을 통해 일체를 이해했다.

동전

　명장 적청의 군대는 겁을 집어먹고 있었다. 병력 수에서 적군이 열 배나 많았던 것이다. 진군하는 도중 신사神社에 이르자, 적청은 행군을 멈추게 한 뒤 신사에 들어가 기도를 하고 나왔다.

　"내가 지금부터 동전을 던지겠다. 앞쪽이 나오면 우리가 이길 것이며, 뒤쪽이 나오면 질 것이다. 이제 곧 운명의 손길이 계시될 터이니 똑똑히 보거라."

　이렇게 말하면서 적청은 동전을 던졌다. 앞쪽이 나왔다. 사기가 충천해진 병사들은 중과부적의 그 싸움을 쉽게 이겼다.

　다음날 부관이 장군에게 말했다.

　"운명의 손길은 아무도 바꿀 수 없는 법이죠."

　"옳은 말이네."

　그러면서 적청은 어제 던졌던 동전을 보여주었다.

　양면이 다 앞쪽인 동전이었다.

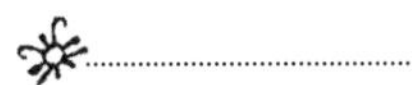

도대체 승리는 기도의 힘인가, 운명의 힘인가 아니면 믿음의 힘인가?

말과 뜻

위대한 성자 나로빠는 깨닫기 전에 이미 수많은 제자들을 가르치는 선생이었다. 그의 주변에는 늘 제자들이 모여들었으며, 서가에는 귀한 경전들이 가득하였다.

어느 날 나로빠는 잠을 자다가 비전을 보았는데 너무나 생생해서 전혀 꿈같지가 않았다. 아주 늙고 추해서 징그럽기 짝이 없는 노파가 나타나서 나로빠에게 말했다.

"나로빠여, 무엇을 하고 있는가?"

겁에 질린 나로빠가 대답했다.

"공부를 하고 있습니다."

"무슨 공부를 하고 있는가?"

"종교, 철학, 인식론, 논리학……."

"나로빠여, 그걸 모두 이해하는가?"

"예, 모두 이해합니다만……."

"말을 이해하는 것인가, 아니면 뜻을 이해하는 것인가?"

노파의 눈빛을 바라보자, 나로빠는 자신이 발가벗겨지는 듯한 느낌이 들었다.

"실은 낱말을 이해합니다만……."

그러자 노파는 갑자기 춤을 추며 노래를 부르기 시작했다. 아울러 노파의 추하고 징그러운 모습도 점점 기쁨에 찬 절세가인의 모습으로 변하는 것이었다.

이 광경을 바라보던 나로빠가 생각했다.

'나의 말을 듣더니 이렇게 아름답게 변하는구나. 이 여인을 더욱더 기쁘고 행복하게 해줘야겠다.'

나로빠는 얼른 말을 덧붙였다.

"그리고 뜻도 이해합니다."

절세가인으로 변해가던 여인은 갑자기 노래를 그치고 춤도 멈추더니 슬프게 울기 시작했다. 아름다운 모습도 다시 추하게 변했으며 끝내 전보다도 더 추악해졌다.

당황한 나로빠가 물었다.

"아니, 어찌된 일입니까?"

"나로빠여, 그대가 거짓말을 하지 않는 학자라서 난 행복했는데, 지금 다시 거짓말을 하니 너무나 슬프오. 나도 알고 그대도 아는 바이지만 그대는 뜻을 이해하지 못하고 있소."

순간 비전이 사라지면서 나로빠는 눈을 떴다. 그때 나로빠는 완전히 변해 있었으며 이후로는 두 번 다시 책에 손대지 않았다.

무지한 사람은 어둠 속에서 헤맬 수밖에 없다. 하지만 지식이 많은 사람은 무지한 사람보다 더 심한 암흑 속에서 헤맬 수밖에 없다. (우파니샤드)

비교

어떤 유명한 무사가 선승을 찾아왔다. 그런데 선승을 본 순간, 무사는 자기도 모르는 열등감에 휩싸였다. 무사가 선승에게 다가가 물었다.

"무슨 까닭인지 모르겠습니다. 아까까지만 해도 좋았는데, 이곳으로 들어오자 왠지 모를 열등감이 엄습합니다. 이런 느낌은 생전 처음이죠. 죽음의 순간을 수없이 겪으면서도 두려움을 몰랐는데, 왜 이런 느낌이 드는 겁니까?"

선승이 말했다.

"잠깐 기다리시오. 사람들이 다 돌아가면 말해주겠소."

그런데 선승을 만나러 오는 사람들은 하루 종일 줄을 이었다. 무사는 기다리다 못해 지쳐서 안절부절못했다. 날이 어둑어둑해지자 사람들의 발길이 멈췄다. 무사는 다시 선승에게 물었다.

"이제는 가르쳐 주시겠습니까?"

선승이 그를 바라보면서 조용히 말했다.

"밖으로 나갑시다."

밖으로 나가자 밝은 달이 산등성이의 나무들을 비추고 있었다. 선승이 말했다.

"이 나무들을 보시오. 한 나무는 쭉 뻗어서 키가 크고 우람한데, 다른 나무는 키가 아주 작아요. 이 나무들은 수십 년간 내

집 옆에서 자랐지만 아무 문제도 없었소이다. 키 작은 나무가 키 큰 나무에게 '왜 네 앞에 서면 열등감을 느끼지?' 라고 말하는 것을 들은 적이 없소. 왜 그렇지요?"

"이것들은 비교할 줄을 모르지 않습니까?"

선승이 빙그레 웃으며 말했다.

"호오, 내게 물을 것도 없소이다. 이미 해답을 알고 있으니 말이요."

비교를 해야만 우월감이든 열등감이든 생기는 법이다. 비교를 하지 않으면, 다시 말하자면 사물을 있는 그대로 볼 줄 안다면 크면 큰 대로 작으면 작은 대로 좋은 것이다.

한 왕이 뜰에 나갔는데, 꽃과 나무들이 죄다 시들어 죽어가고 있었다.

이유인즉, 떡갈나무는 자기가 소나무처럼 키가 클 수 없기 때문에 죽어간다는 것이었고, 소나무는 자기가 포도나무처럼 열매를 맺을 수 없기 때문에, 포도나무는 장미나무처럼 꽃을 피울 수 없기 때문에 시들어간다는 것이었다.

그때 왕은 옆에서 싱싱한 풀꽃을 발견했다.

"넌 왜 시들지 않지?"

풀꽃이 대답했다.

"왕께서 저를 심을 때 마음껏 편하게 자라라, 하고 심었기 때문이죠. 그래서 전 저 자신일 수 있어서 마음껏 사는 거예요."

악마와 만나다

스스로 진지하게 진리를 추구한다고 믿는 사람이 기나긴 수행의 길에 올랐다. 그는 내적 생활에서나 외적 생활에서나 여러 스승 밑에서 갖가지 체험을 쌓았다.

어느 날 그는 명상을 하다가 옆자리에 악마가 앉아 있는 모습을 보았다. 그는 악마에게 소리쳤다.

"꺼져라, 악마야! 넌 나를 해칠 만한 힘이 없다. 게다가 난 예정된 수행의 길을 걷는 중이다."

그러자 악마는 사라져버렸다.

진정한 현자가 길을 지나다가 그 광경을 보고 슬픈 표정으로 말했다.

"아깝구먼, 친구여. 자네는 변함없는 자네의 두려움, 탐욕, 그리고 자존심과 같은 불확실한 기초 위에다 노력을 쏟아 부은 걸세."

"어째서 그렇습니까?"

"그 악마는 사실 천사였다네. 악마는 자네가 어떻게 보는가에 달려 있을 뿐이지."

악마는 우리들을 유혹하지 않는다. 우리가 악마를 유혹하는 것이다. (G. 엘리엇)

수도승의 수염

어떤 수도승이 위엄 있는 수염을 가지고 있었다. 그는 늘 자기 수염을 자랑스럽게 여겼다. 그래서 종교적 수행에 많은 시간을 할애했지만 자신의 수염에도 많은 관심을 쏟았다.

모세가 시아니로 갈 때, 그 수도승은 모세를 붙잡고 말했다.

"신께 내 대신 물어봐주오. 그동안 난 독실한 종교적 수행을 계속했지만 여전히 영적인 충만 상태엔 도달치 못했는데, 그 이유가 무엇인지 말입니다."

모세는 그렇게 하겠다고 약속했다. 이윽고 신을 찾아간 모세가 그 수도승의 일을 묻자 신은 이렇게 대답했다.

"그 수도승은 많은 생각이 자기 수염에 머물러 있더구나."

모세가 돌아와 신의 말씀을 전하자, 수도승은 양심에 찔리는 바가 있었다. 결국 그는 자신의 멋진 수염을 한 올 한 올 뽑으면서 자신을 질책하는 데 많은 시간을 보냈다.

나중에 가브리엘이 모세를 찾아와 그 수도승 애기를 했다.

"그는 예전에 아름다운 자기 수염에 대해 많이 생각했죠. 헌데 지금도 그만큼, 아니 예전보다 더 많이 자기 수염에 대해 생각하고 있습니다."

대상이 없어진다고 해서 집착하는 마음이 사라지는 것은 아니다. 오히려 집착이 더 강해질 수도 있다.

사소한 것들

미켈란젤로는 역사상 가장 위대한 예술가이다. 그는 조각을 하든, 그림을 그리든 속도가 매우 느렸다. 언제나 많은 시간을 들여서 깊이 생각하고 고민해서 작품의 완전한 아름다움을 추구했다.

어느 날 친구가 찾아왔다. 그때 미켈란젤로는 조각상의 마지막 작업을 하고 있었다. 그리고 상당한 시간이 지난 뒤에 친구가 다시 방문했는데, 미켈란젤로는 여전히 그 조각상을 손보고 있었다. 친구가 한 마디 했다.

"조금도 진전이 없군. 당신의 동작은 너무 느려."

미켈란젤로가 말했다.

"나는 많은 시간을 들여서 조각상을 손보고 있네. 예를 들면 눈은 더욱 신비하게, 피부는 더욱 아름답게, 또 어떤 부분의 근육은 더 힘 있게……."

친구가 말했다.

"모두 사소한 부분이잖아."

"맞아, 사소한 부분이지. 하지만 이 사소한 것들을 잘 처리하면 완전한 아름다움을 갖춘 조각상이 된다네."

처음 시작할 때는 티끌만 한 차이일지라도 결과에서는 하늘과 땅만큼 벌어질 수 있으니, 모름지기 미세함에 철저한 주의를 기울여야 한다.

소동파와 불인(1)

소동파와 불인 스님은 매우 친한 친구 사이이다. 그러나 두 사람은 서로를 놀리는 것을 좋아했다.

어느 날 두 사람이 함께 좌선을 하다가 소동파가 물었다.

"자네가 보기에 좌선하는 내 모습이 어떤가?"

불인은 고개를 끄덕이며 칭찬했다.

"음, 고귀한 부처님 같네."

소동파는 은근히 기뻤다. 불인이 반문했다.

"그럼 자네가 보기에 나는 어떠한가?"

소동파는 고의로 불인에게 말했다.

"내가 보기에 자네는 한 무더기 쇠똥 같네."

불인은 뜻밖에도 미소를 지으며 아무 반박도 하지 않았다.

집에 돌아온 소동파는 득의양양해서 여동생에게 말했다.

"오늘 불인은 나한테 크게 당했지."

소동파의 어린 여동생은 사건의 전말을 듣고는 오히려 웃었다. 소동파가 이상하게 생각해서 물었다.

"뭐가 그리 재밌니?"

"불인 스님의 마음속에는 부처가 있어서 오빠도 부처처럼 보인 거예요. 그러나 오빠 마음속에는 분뇨가 있어서 사람도 분뇨처럼 보인 거지요. 사실상 진 사람은 오빠예요."

소동파는 그제야 비로소 크게 깨달았다.

소동파와 불인(2)

어느 날 소동파는 참선을 하다가 문득 깨달음을 얻었다. 그는 자신의 경계를 시로 표현해서 강 건너에 사는 불인 스님에게 보냈다. 시 내용의 일부는 다음과 같다.

하늘 중에 하늘이신 부처님께 큰절하오니,
백호白毫 광명은 삼천대천세계를 비추시네.
여덟 가지 바람이 불어도 흔들리지 않으시면서
자금색 연꽃 위에 단정히 앉아계시네.

소동파는 부처의 위대함을 감탄한 후에 자신도 '여덟 가지 바람에 흔들리지 않는' 경계에 도달했다고 말한 것이다. 이른바 '여덟 가지 바람[八風]'은 찬양, 아첨, 비방, 풍자, 이익, 손해, 고통, 쾌락을 말한다.

불인 스님은 소동파의 시를 읽고는 편지 위에 몇 자 적어서 돌려보냈다. 소동파는 답신을 기다리며 불인 스님의 칭찬을 잔뜩 기대하고 있었지만, 뜻밖에도 편지에는 이런 글자가 쓰여 있었다.

"헛소리!"

소동파는 크게 화가 나서 불인 스님에게 따지기 위해 배를 타고 강을 건넜다. 도대체 왜 내 시가 헛소리란 말인가?

불인 스님은 절에 있지 않았다. 그러나 소동파가 올 줄 알고 종이에 이런 글을 남겨놓았다.

"여덟 가지 바람이 불어도 흔들리지 않는다면서 헛소리란 한 마디에 강을 건너네."

종교의 길을 가는 사람은 '영적인 자부심'을 조심해야 한다. 그것은 에고에 교묘히 사로잡힌 것에 지나지 않는다.

진짜 보물

　수행자가 마을 어귀에 있는 나무 아래서 하룻밤을 자려는데, 웬 마을 사람이 헐레벌떡 달려와서 말했다.

"보석! 그 보석을 제게 주세요!"

"보석이라니요?"

"어젯밤 꿈속에서 신이 나타나 해질녘에 마을 어귀로 가보라고 하더군요. 거기서 한 수행자를 볼 터인데, 그에게 보석 하나를 얻어서 부유하게 살라고 했습니다."

　수행자는 자기 짐을 뒤져 보석 하나를 꺼내주었다.

"아마, 이걸 말씀하는 것 같군요. 며칠 전 숲속에서 주웠는데 원한다면 가져도 좋소이다."

　그 마을 사람은 보석을 보고는 눈이 휘둥그레졌다. 사람 머리만 한 세상에서 제일 큰 금강석 같았다. 그날 밤 내내 그는 이리저리 뒤척거리면서 잠을 이루지 못했다. 다음날 새벽 첫 닭이 울자, 그는 수행자에게 달려갔다. 수행자는 아직 잠을 자고 있었다. 마을 사람은 수행자를 깨우면서 이렇게 말했다.

"스님, 이 금강석을 서슴없이 내줄 수 있는 그 보물을 내게 주세요."

신은 풍요롭나니 그의 선물은 헤아릴 길 없어라
이런 엄청난 보물을 어떻게 감당할까 내 가슴은 당황한다네.

만족할 줄 안다는 것

비슈누 신을 신봉하는 신도가 매일 비슈누 신에게 소원을 빌었다. 비슈누 신은 그의 소원이 너무나 극성스럽자 어느 날 그에게 나타나서 말했다.

"무엇이든 딱 세 가지 청만 들어주겠다."

그는 너무나 반가워서 즉각 더 좋은 여자와 결혼할 수 있게 아내를 죽게 해달라고 소원했다. 소원은 곧 이루어졌다.

그러나 아내의 장례식을 치르고 나자, 가족과 친지들은 모두 아내의 고운 성품을 칭송했다. 그는 자기가 눈이 먼 나머지 너무 경솔했다고 생각해서 다시 아내를 살려달라고 빌었다.

그 소원도 즉시 이루어졌다. 그는 더 이상 경솔한 행동을 하지 말아야겠다고 굳게 마음을 먹고서 주변 사람들에게 도움을 구했다.

몇몇 친구는 영생을 기원하라고 했지만, 다른 사람들은 건강치 못한 몸으로 오래 산들 무슨 소용이 있느냐고 말했다. 또 돈이 없으면 건강이 무슨 소용이냐고도 말했고, 돈이 많은들 친구가 없다면 소용이 없다고도 말했다.

결국 그는 어떤 소원을 말해야 할지 결정할 수가 없었다. 생명인가, 권력인가, 돈인가, 여자인가……. 결국 그는 이렇게 빌었다.

"제가 무엇을 청해야 할지 말씀해 주옵소서."

비슈누 신이 껄껄 웃으면서 대답했다.
"어떤 일이든 만족할 줄 아는 마음을 청하게나."

욕망의 그릇은 아무리 많이 채워도 결코 채워지지 않는다.

분노

　어느 날 바라문 한 사람이 붓다를 찾아와 욕을 퍼부었다. 자신이 아는 바라문이 붓다에게 출가하자 분노한 것이었다. 붓다는 그의 심한 욕설과 비방을 묵묵히 듣고 있다가 잠시 조용해졌을 때 그에게 말했다.

　"바라문이여, 그대의 집에도 방문하는 손님이 있겠지?"

　"물론이다, 고타마여."

　"그때는 손님에게 좋은 음식을 대접하지 않는가?"

　"물론이다, 고타마여."

　"만약 손님이 그 음식을 들지 않는다면 그 음식은 누구의 것이 되는가?"

　"음식을 먹지 않는다면 내 것이 될 수밖에 없지 않은가?"

　붓다는 가만히 그의 얼굴을 응시하면서 말을 이었다.

　"오늘 그대는 내게 온갖 심한 말을 했지만, 나는 그 말을 받아들이지 않았네. 따라서 그 말들은 그대 것이 될 수밖에 없네. 내가 욕을 먹고 다시 그 욕을 되돌려주었다면 주인과 손님이 함께 식사를 한 것이지만 나는 그 음식을 먹지 않았다네."

　분노하는 자에게 분노로 갚지 않는 자는 두 가지 승리를 얻는다. 바로 자신에게 승리하는 동시에 남에게도 승리하는 것이다. (붓다)

두 번째 화살

붓다가 어느 날 제자들에게 말했다.

"내 가르침을 듣지 않은 사람도 즐거운 느낌과 괴로운 느낌과 즐겁지도 괴롭지도 않은 느낌을 받으며, 내 가르침을 들은 사람도 즐거운 느낌과 괴로운 느낌과 즐겁지도 괴롭지도 않은 느낌을 받는다. 이 둘의 차이가 무엇이겠는가?"

제자들이 말했다.

"저희들은 세존의 가르침을 눈으로 삼고 있으니, 부디 가르쳐 주옵소서."

붓다가 말했다.

"아직 가르침을 받지 않은 사람은 괴로운 느낌을 받으면 비탄에 잠겨 혼미에 빠진다. 그것은 마치 첫 번째 화살을 맞고 나서 다시 두 번째 화살을 받는 것과 같다. 반대로 이미 가르침을 받은 사람은 괴로운 느낌을 받아도 쓸데없이 비탄에 잠겨 미혹에 빠지지 않는다. 이를 나는 '두 번째 화살은 받지 않는다'라고 말하는 것이다."

사실 사람들은 슬픔과 분노와 증오의 고통을 그 자체에서 그치는 것이 아니라 대개는 곱씹고 되씹어서 증폭시키고 있다.

랍비의 제안

한 유태인이 다급하게 달려와 랍비에게 말했다.

"랍비. 제 닭들이 전염병에 걸렸어요. 벌써 반이나 죽어버렸어요."

"닭들에게 무얼 먹였지요?"

"대맥을 먹였습니다." "소맥을 먹여야지요!"

다음날 아침 유태인이 또 숨을 헐떡이며 달려왔다.

"랍비, 또 오십 마리의 닭들이 병으로 죽었어요!"

"닭들에게 무엇을 마시게 했나요?" "차가운 물이요."

"아이고, 뜨거운 물을 줘야지요!"

이틀이 지나 유태인이 또 달려와서 말했다.

"랍비, 이제 단 열 마리의 닭만 남았어요!"

"닭들에게 주는 물은 어디에서 가져왔나요?" "우물에서 길러왔습니다!"

"그들에게 광천수를 줘야지요!"

얼마 후 유태인이 새로운 소식을 가져왔다.

"랍비. 나의 마지막 한 마리 닭도 죽어버렸소."

"쯧쯧쯧." 랍비는 탄식하며 말했다. "정말 안타깝군요. 난 아직 당신에게 말해주지 못한 방법이 많이 있는데!"

방법을 묻는 일이 사태의 해결을 지연시킬 수도 있음을 명심하라.

신앙을 바꾸다

한 여성이 오랫동안 믿어온 종교를 포기했다. 신앙이 없어지자 그녀는 이내 다른 신앙을 찾았고 새로 얻은 신앙은 틀림없이 진리라고 확신했다. 이처럼 새로운 교파에 들어갈 때마다 환영받았지만, 그녀의 내적 상태는 혼란스러웠다. 마침내 어느 스승에 대한 소문을 듣자 그를 만나러 찾아갔다.

여인의 주장과 생각을 들은 스승이 말했다.

"집으로 돌아가시오. 내 결정을 하나의 메시지로 보내겠소."

얼마 후에 스승의 제자가 여인을 찾아왔다. 그의 손에는 스승이 보낸 꾸러미 하나가 들려 있었다. 꾸러미를 뜯어보니 유리병이 들어 있었다. 유리병 안에는 검은 모래, 붉은 모래, 하얀 모래가 세 개의 층으로 절반쯤 담겨 있었고, 그 위를 솜뭉치가 틀어막고 있었다. 그리고 바깥에는 이렇게 쓰여 있었다.

"솜뭉치를 없애고 병을 흔들면 당신의 상태를 알리라."

그녀는 솜뭉치를 빼고 병 안의 모래를 흔들었다. 다양한 색깔의 모래가 한데 섞였다. 그리고 그녀에게 남겨진 것은 한 덩어리의 잿빛 모래였다.

어떠한 종교도 그 자신의 권위에 바탕을 두고 믿어지길 바라면서 신앙이 없는 사람을 위협한다. (파스칼)

시기

옛날 히말라야 산에 공명조^{共命鳥}라는 새가 살았는데, 몸통은 하나이면서 머리는 둘이 달린 새였다. 새의 한쪽 머리는 늘 맛있는 과일을 먹어서 몸을 돌보려고 했다. 그러나 다른 쪽 머리는 늘 시기하면서 이렇게 생각했다.

"어째서 항상 자기만 맛있는 과일을 먹고 나는 못 먹게 하는가?"

결국 그는 독이 든 과일을 따먹었고, 그 결과 두 머리는 모두 죽어버렸다.

선과 악, 사랑과 증오, 천국과 지옥, 극대와 극소 등 대립되는 모든 것들은 본질적으로는 둘이 아닌 한 몸이다. 한 몸에서 나온 탓에 둘 사이의 대립은 몸 전체를 죽여 버린다.

번영

매우 부유한 부호가 병이 들었다. 어느 날 그는 한 선사를 찾아가 가문의 지속적인 번영을 위해 대대로 좌우명이 될 만한 것을 써달라고 했다.

선사는 부호에게 이런 좌우명을 써주었다.

"아버지는 죽는다. 아들도 죽는다. 손자도 죽는다."

병든 부호는 화가 나서 말했다.

"이게 내 가문의 번영을 위해 쓴 것입니까? 쓸데없는 농담에 불과하지 않습니까?"

"전혀 농담이 아니오. 당신 아들이 당신 앞에서 죽는다면 매우 슬플 것이고, 마찬가지로 당신 손자가 당신 아들 앞에서 죽는다면 가슴이 찢어질 것이요. 당신 가족들이 내가 쓴 순서대로 죽는다면 그것이 바로 번영과 행복이 아니겠소?"

부유하게 죽는 사람은 불명예스럽게 죽는 사람이다. (A.카네기)

책

<수피 성자 바하우딘의 말>

내가 텅 비어 있는 책-'여러분은 이 책에서 아직은 어떤 유익함도 찾을 수 없다'는 뜻이다-을 공개하면, 사람들은 '저 사람이 날 모욕하고 있다'고 생각할 것이다.

그러나 내가 알차고 이해할 수 있는 책을 공개하면, 모든 독자들은 '너무나 엄청나고 심오하다'고 외치면서 자극적인 겉모습만 취할 것이다. 사람들은 내가 죽은 뒤 이 외적인 것들을 추종할 것이며, 이것들은 온갖 논쟁과 자극의 원천이 될 것이다. 사람들은 그 속에서 교습법을 배우고 시나 이야기들을 읽을 것이다.

내가 아무런 책도 공개하지 않으면, 학자들은 그 대신 다른 작품을 가지고 가능성은 있지만 상처받기 쉬운 학생들을 비웃고 파괴시킬 것이다. 지금 하고 있는 것 이상으로 말이다.

좌절감에 빠진 학생들은 해결책을 모색하느라고 또 다른 과제를 자신에게 부과하려 애쓰다가 점점 파괴될 것이다.

내가 커다란 책을 공개하면, 어떤 사람들은 그 책이 허풍이라고 생각할 것이다. 온갖 가설과 추측이 난무할 것인데, 알다시피 그런 것들은 진실이라서가 아니라 자신들에게 편하기 때문에 취하는 것이다.

내가 비전의 책을 공개하면, 사람들은 그 책에 이상한 비밀이 담겨 있다고 생각할 것이다. 아니면 사람들은 그 책을 이해하려고 애쓰다가 쓸데없는 잔기교만 부릴 것이다.

붓다는 49년간을 설법하고 난 뒤에 한 글자도 설한 적이 없다고 말씀하셨다. 또 선禪에서는 한 글자도 들어 있지 않은 참다운 경전을 읽으라고 말한다.

업보

파세나디 왕은 석가족의 여인과 혼인하고 싶어했다. 그러나 파세나디 왕의 포악한 성격을 알고 있는 석가족의 마하남 장자長者는 자기 딸 대신 여종의 딸을 보내 왕비로 삼게 했다.

그 후 왕비는 아들을 낳았는데 이름을 유리라고 했다. 유리 왕자의 나이 여덟 살이 되자, 파세나디 왕은 그를 석가족이 사는 카필라바스투로 보내 활쏘기를 배우게 했다.

그러나 석가족 사람들은 그를 종의 자식이라 해서 멸시하고 천대했다. 이 원한을 잊지 못한 유리는 나중에 왕이 되자 군사를 일으켜 석가족에게로 쳐들어갔다.

붓다는 유리 왕이 쳐들어온다는 소식을 듣자, 그들이 오는 길목으로 나가서 잎도 가지도 없는 나무 밑에 앉아 있었다. 이 모습을 본 유리 왕은 수레에서 내려와 물었다.

"왜 잎이 무성한 나무 밑에서 쉬지 않고 메마른 이 나무 밑에서 쉬십니까?"

붓다가 말했다.

"친족의 그늘은 남보다 낫소."

유리 왕은 붓다가 석가족을 위해 일부러 그러는 줄 알고 본국으로 돌아갔다.

그 후에도 유리 왕은 다시 쳐들어왔지만 붓다가 가로막는 바람에 되돌아갔다. 그러나 붓다는 유리의 침략을 세 번째까지는 막았지만 네 번째는 막지 않았다. 이 사실을 안 목갈라나가 붓다에게 말했다.

"저의 신통력으로 유리 왕과 그 군사를 다른 세계로 던져버릴 수 있습니다."

"그렇다면 석가족의 전생 인연까지도 다른 세계로 던져버릴 수 있는가?"

"할 수 없습니다."

"목갈라나야, 그렇다면 자리에 돌아가 앉아라."

"카필라바스투를 저 허공에다 옮겨놓을 수는 있습니다."

"그렇다면 석가족의 전생 인연까지도 허공에다 옮겨놓을 수 있느냐?"

"그건 불가능합니다."

"그렇다면 자리에 돌아가 앉아라."

"허락하신다면 카필라바스투를 쇠그물로 덮겠습니다."

"전생의 인연까지도 덮을 수 있겠느냐?"

"아닙니다. 할 수 없습니다."

"너는 자리로 돌아가 앉아라. 어떤 중생도 피할 수 없는 일곱 가지가 있으니, 바로 태어남, 늙음, 병, 죽음, 죄, 복, 인연이다. 이 일곱 가지는 붓다나 그 밖의 성인, 신선들도 마음대로 할 수 없는 것이다. 석가족의 전생 인연이 이미 무르익었구나. 이제는 과보를 받아야 한다.”

결국 석가족은 유리 왕의 침략으로 멸망하고 말았다.

업보의 무서움이 이렇다. 왜냐하면 콩 심은 데 콩 나고 팥 심은 데 팥 나는 인연법이기 때문이다. 붓다는 이렇게 읊고 있다.

설사 저 허공을 땅으로 만들고
땅을 허공으로 만들 수 있다 해도
이미 뿌려놓은 인연의 씨앗은
영원히 썩지 않고 남아 있노라.

배고플 때 밥 먹고 피곤할 때 잠자는 것

한 승려가 선사에게 질문했다.

"도를 닦는 특별한 길이 있습니까?"

선사가 고개를 끄덕였다.

"그것이 무엇입니까?"

"배고플 때 밥 먹고 피곤할 때 잠자는 것이다."

"그건 누구나 다 하지 않습니까?"

"전혀 그렇지 않네."

"그렇다면 어떤 차이점이 있습니까?"

"사람들은 밥 먹을 때도 밥을 먹지만은 않는다. 이런저런 걱정이나 상념에 빠져 있거든. 또 잠잘 때도 사람들은 게으른 꿈만을 꿀 뿐일세. 이건 사람들이 사는 방식일 뿐 내가 사는 방식은 아니네."

평상심이 도道라고 했다. 당신은 정말 아무 잡념도 섞이지 않은 평상심을 유지하는가? 밥 먹을 때 오직 밥만 먹고 잠잘 때 오직 잠만 자는가?

무엇 때문인가?

한 승려가 불법의 본질을 터득하기 위해 경전과 선사의 어록을 맹렬히 탐구하고 있었다. 어느 날 다른 승려가 그에게 물었다.

"무엇 때문에 어록을 읽는가?"

"옛 사람의 말과 행실을 알기 위해섭니다."

"그건 또 무엇 때문인가?"

"사람들을 교화하기 위해섭니다."

"무엇 때문에 사람들을 교화하는가?"

"중생을 이롭게 하기 위해섭니다."

"그렇게 하는 것은 결국 무엇 때문인가?"

승려는 말문이 막혔다.

한 마음을 깨치기만 하면 설사 한 글자도 모를지라도 도를 전할 수 있는 무궁한 힘을 얻는다.

뱀

어떤 사람이 잠을 자다 꿈을 꿨는데, 꿈속에서 그의 입으로 뱀 한마리가 기어들어갔다. 깜짝 놀라서 깨어났지만 뱃속에서 뱀이 꿈틀거리는 것 같았다. 그는 병원을 찾아가 엑스레이 검사를 해봤지만 아무 이상이 없었다. 그가 의사에게 말했다.

"분명히 뱃속에 뱀이 들어갔습니다. 엑스레이에는 나타나지 않았지만 분명히 들어갔어요. 정말 미칠 지경입니다."

다음날 그는 수피 스승을 찾아갔다. 수피 스승이 말했다.

"걱정 말게, 젊은이. 내일 아침이면 그 뱀은 도로 나올 걸세."

이렇게 청년과 약속을 한 뒤, 수피 스승은 뱀 한 마리를 구해 그의 아내에게 주면서 말했다.

"내일 아침 남편이 깨기 직전 이 뱀을 이불 밑에 넣게나."

아침에 눈을 뜬 청년은 뱀 한 마리가 이불 밑에서 꿈틀거리는 걸 보았다. 질겁한 그는 이불을 박차고 일어나면서 외쳤다.

"여기야, 여기! 입으로 들어간 뱀이 도로 나왔어! 이래도 뱀이 없다고 하겠느냐고. 의사들은 모두 얼간이야."

그 순간 그의 병은 깨끗이 나았다.

마치 독으로 독을 제거하듯이, 인간을 전도시키는 망념을 없애기 위해서는 또 다른 망념이 필요하다.

감사(1)

수백 명을 태운 대형 유람선이 강에서 화재로 침몰했다. 많은 사람들이 익사하고, 단지 구십 명만이 운 좋게 목숨을 구했다.

그때 수영을 잘하는 승객이 십여 번을 왕복하며 스무 명을 구해냈다. 그러나 너무 과로한 나머지 두 다리에 경련이 나서 정신을 잃고 말았다.

그는 깨어나자마자 소리쳤다.

"내가 힘을 다했나요?"

결국 그는 상처가 너무 심해 불구가 되었고 평생 휠체어 신세를 져야 했다.

몇 년 후 그의 생일에 어떤 사람이 평생 가장 기억에 남는 일이 무엇인지 물었다. 그가 감상에 젖어 말했다.

"가장 기억에 남는 것은 내가 구한 스무 명의 사람들 중 한 명도 내게 감사하다는 말을 하지 않은 겁니다."

감사(2)

하느님께 늘 감사할 줄 아는 나이 든 부인이 있었는데, 길에서 강도를 만나 가방을 도둑맞았다.

그날 저녁, 그녀는 가족들에게 말했다.

"나는 오늘 하느님께 감사할 것이 네 가지가 있단다. 첫째, 이전까지 나는 강도를 만난 적이 없다. 둘째, 그가 내 돈지갑을 빼앗아갔지만, 내 목숨은 잃지 않았다. 셋째, 비록 돈은 다 뺏겼지만, 그리 많은 돈은 아니다. 넷째, 남이 내게 강도질을 한 것이지 내가 강도질을 한 것이 아니다."

감사는 과거에게 주어지는 덕행이라기보다는 미래를 살찌게 하는 덕행이다.(영국 속담)

습관

　도둑질을 생업으로 삼았던 소매치기가 죽을 날이 가까워지자 갑자기 두려움이 생겨서 목사를 찾아갔다. 그리고는 눈물이 가득 고인 얼굴로 죄를 참회하면서 자신을 위해 기도해달라고 사정했다.

　목사가 그의 침대 옆에 무릎을 꿇고 기도할 때, 목사 주머니 속의 금시계 줄이 소매치기의 눈길을 끌었다. 기도가 끝나자 소매치기도 숨을 거두었다. 그러나 그의 손에는 금시계 줄이 꽉 쥐여 있었다.

　습관의 쇠사슬은 거의 느낄 수 없을 정도로 가늘고, 깨달았을 때는 이미 끊을 수 없을 정도로 완강하다. (B.존슨)

스위스인의 지혜

2차 세계대전 때, 스위스는 중립을 선포하고 전쟁에 개입하지 않았다. 많은 유태인들이 계속 스위스로 피난하자, 국경을 지키던 독일군 지휘관이 매우 못마땅하게 생각했다. 그래서 스위스에 본때를 보여줄 기회를 노리고 있었다.

어느 날, 독일 병사는 명령을 받고 매우 아름답게 포장된 선물 상자를 스위스의 방어구역 지휘관에게 보냈다. 스위스 지휘관이 조심스럽게 상자를 열자 역겨운 구린 말똥이 들어 있었다.

다음날, 스위스 병사도 아름다운 선물 상자를 독일 지휘관에게 보냈다.

"알고 싶지도 않다. 그들이 무슨 좋은 물건을 보냈겠느냐."

독일 지휘관은 멀찌감치 서서 거들떠보지도 않고 말했다. 그러나 병사가 상자를 열자, 안에는 최고급 스위스산 치즈가 들어 있었다. 또, 한 장의 메모도 들어 있었는데 이렇게 쓰여 있었다.

"삼가 귀국의 풍속대로 폐국의 가장 좋은 토산품을 보내드립니다."

가장 완벽한 복수는 침략자의 흉내를 내지 않는 것이다. (마르쿠스 아우렐리우스)

죄와 복

아주 커다란 열매가 열리는 나무가 있었다. 어느 날 까마귀가 날아와 나뭇가지에 앉았다가 다 익어서 떨어지는 열매에 맞고 죽어버렸다. 이 광경을 본 나무의 신이 말했다.

까마귀가 죽으러 온 것도 아니며
까마귀를 죽이기 위해 열매가 떨어진 것도 아니다.
열매는 익고 까마귀는 죽어야 했으니
그런 인연이 모여 그렇게 된 것이다.

죄와 복은 빠르게 올 수도 있고 늦게 올 수도 있지만 뒤바꿀 수는 없는 것이다. 왜냐하면 자기가 지어서 자기가 받는 것이기 때문이다. 그러므로 지혜로운 이는 죄를 받아도 원망치 않고 복을 얻어도 기뻐하지 않는다.

발명가 이야기

수년간의 각고 끝에 불 만드는 기술을 발견한 발명가가 있었
다. 그는 눈 덮인 북부 지역으로 연장을 갖고 가서 한 종족에게
불 만드는 기술을 가르치기 시작했다. 사람들은 이 진귀한 기
술에 홀딱 빠진 나머지 발명가에게 감사할 생각을 미처 하지
못했고, 발명가는 그 자리를 슬며시 빠져나왔다. 그는 비범한
천성을 타고난 보기 드문 인간이었기 때문에 사람들이 자기를
기억하거나 존경해주길 바라지 않았다. 다만 자신의 발견이
사람들에게 무척 유익하다는 걸 아는 데서 만족을 느낄 뿐이
었다.

발명가가 다음에 찾아간 종족은 처음 종족처럼 열렬히 배우
고 싶어하는 종족이었다. 하지만 그 지방의 사제는 사람들을
사로잡는 이 이방인을 질투해서 그를 암살했다. 그리고는 죄
악감을 억누르기 위해서 이 위대한 발명가의 초상을 만들어
사원의 제단 위에 모셨다. 발명가의 이름을 존경하고 영원히
그를 기억하는 기도 의식도 거행했다. 아주 꼼꼼히 신경 써서
예배의식에 어떤 절차도 변경되거나 생략되지 않도록 했다.
불을 만드는 연장은 궤 안에 안치되었으며, 믿음을 갖고 그 연
장 위에 손을 얹으면 병이 치료된다고들 했다.

가장 높은 사제는 《발명가의 생애》라는 책을 편집하는 임무
를 맡았다. 이 책은 성스러운 책이 되었다. 발명가의 사랑과 애

정을 알리는 한 예가 되었으며, 그의 영광된 행동을 칭송하였으며, 그의 비범한 천성은 신앙의 조항이 되었다.

사제는 이 책이 다음 세대로 건네지는 걸 보았으며, 사람들은 발명가의 어록과 그의 삶과 죽음이 갖는 의미를 권위적으로 해석했다. 그리고 이 해석을 벗어난 사람은 누구든지 가차 없이 죽음이나 파문으로 징계했다. 마침내 사람들은 이 종교적인 해석에 사로잡혀서 불 만드는 기술을 깡그리 잊어버리고 말았다.

달을 가리키면 달을 봐야 하는데도 사람들은 손가락만 쳐다보고 있다. 게다가 이 손가락에 대해 이러쿵저러쿵하면서 온갖 권위와 해석을 덧붙인다.

거북이와 소년

　여덟 살 난 남자아이가 아빠에게 생일선물로 작고 귀여운 거북이를 받았다.

　소년은 매우 감동했다. 그는 거북과 함께 놀고 싶었지만, 거북은 처음 보는 낯선 환경 때문에 곧 머리와 다리를 오므려 등껍질 속으로 넣어버렸다.

　소년은 막대기로 거북이를 찔러 밖으로 나오게 하려 했지만 전혀 효과가 없었다.

　소년의 행동을 지켜보던 할아버지가 말씀하셨다.

　"그렇게 하지 마라. 자, 내가 너에게 좋은 방법을 가르쳐줄게."

　할아버지와 소년은 거북이를 집 안으로 가지고 들어가 따뜻한 벽난로 옆에 놓았다. 몇 분이 지나자, 거북이는 더워서 머리와 다리를 쭉 내밀고 스스로 소년을 향해 기어갔다.

　"어떤 때에는 사람도 거북이와 같단다." 할아버지께서 말씀하셨다. "강한 수단으로 사람을 핍박하지 마라. 착하고 친절하고 진실하고 따뜻한 마음으로 그를 대하면, 네가 그에게 바라는 일을 그는 분명히 하게 될 것이야"

외투를 벗기는 것은 차가운 북풍이 아니라 따사로운 햇살이다.

지식

　지식이 많은 철학자가 선에 관해 알고 싶어 선사를 방문했다. 그는 선에 관한 견해를 늘어놓으면서 선의 궁극적인 본질이 무엇인지 물었다. 그러자 선사는 찾아온 손님을 위해 찻잔을 내오면서 말했다.

　"이 먼 곳까지 오느라고 수고했소. 우선 차나 한 잔 드시지요."

　찻물이 끓기 시작했다. 그러는 동안에도 철학자의 마음속은 선과 불법에 관한 온갖 의문들로 들끓었다. 철학자의 마음속을 꿰뚫어보고 있던 선사가 다시 말했다.

　"너무 서둘지 마시게. 혹시 이 차 한 잔을 마시노라면 모든 의문이 풀릴지도 모르니까."

　그 순간 철학자는 자기가 헛걸음한 것이 아닌지 의심이 들기 시작했다. 이 숱한 의문이 어찌 차 한 잔 마신다고 풀리느냔 말이다. 하지만 너무나 목이 말랐던 그는 차 한 잔을 얻어 마시고 내려갈 생각이었다.

　선사가 주전자를 들고 찻잔에 물을 붓기 시작했다. 그런데 찻잔이 넘치는데도 선사는 따르기를 멈추지 않았다. 잔 받침대까지 찻물이 고이고 마루에까지 넘쳐날 지경이었다. 결국 철학자는 참다못해서 소리쳤다.

　"그만, 그만! 찻잔이 넘치고 있습니다."

선사가 말했다.

"그렇소, 당신도 마찬가지요. 당신이 온갖 견해와 이론들로 꽉 차 있는 한 내가 무슨 말을 해도 들어갈 틈이 없소이다. 오히려 나의 말 한마디를 더 듣게 되면 당신의 의문은 더욱더 넘쳐흐를 것이오. 당신이 의문들로 가득 찬 그 잔을 비워오지 않는 한 당신에게 선을 보여줄 방도란 없소이다."

생명의 샘물은 지식의 잔이 아니라 지식이 비워진 잔에 채워지는 것이다.

인내

붓다의 제자인 푼나가 붓다에게 말씀드렸다.

"저는 서쪽에 있는 수나로 가서 도를 전하고 싶습니다."

붓다가 물었다.

"서쪽의 수나 사람들은 거칠고 모질고 성급하고 사납다고 한다. 만약 그들이 너를 헐뜯고 욕을 해댄다면 너는 어떻게 하겠느냐?"

"설사 저를 헐뜯고 욕을 해댄다 해도, 손이나 돌로 때리지는 않는구나라고 생각하겠습니다."

"손이나 돌로 때린다면 어찌 하겠느냐?"

"그래도 칼이나 몽둥이는 쓰지 않는구나라고 생각하겠습니다."

"그들이 칼이나 몽둥이를 쓴다면?"

"그래도 죽이지는 않는구나라고 생각하겠습니다."

"그들이 죽인다면?"

"썩어 없어질 내 몸을 해탈시켜 주는구나라고 생각하겠습니다."

"착하구나, 푼나야. 그 정도의 인내심이면 수나에서도 살 수 있을 것이다. 수나로 가서 제도하지 못한 사람은 제도하고, 편안치 못한 사람은 편안케 하고, 열반을 얻지 못한 사람은 열반에 들게 하라."

*

인드라 천신이 말했다.

"자기보다 강한 사람 앞에서 애써 참는 것은 두렵기 때문에 참는 것이고,

자기와 같은 사람 앞에서 참는 것은 싸우기 싫어서 참는 것이니,

진정 자기보다 약한 사람 앞에서 참는 것이 가장 훌륭한 인내이다."

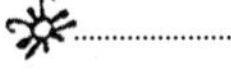

대승 불교에서는 정각을 성취하기 위한 수행으로 6바라밀을 닦는데, 6바라밀 중 인욕을 첫 번째로 놓은 것은 인욕이 모든 수행의 기초가 되기 때문이다. 수행만이 아니라 사람들 사이에 평화를 이룩하는 데도 인내는 가장 우선적인 덕목이다. 참을 인忍 자 셋이면 살인도 면한다고 하지 않았던가?

낙타와 텐트

기나긴 사막 여행을 하던 한 유목민이 작은 텐트를 치고 잠을 자기 위해 자리에 누웠다. 밤공기가 차가워지자 낙타가 코를 들이밀면서 주인을 깨웠다.

"주인나리, 날이 춥군요. 코를 텐트 안으로 집어넣어도 될까요?"

주인은 낙타의 요청을 허락하고 다시 잠들었다. 하지만 한 시간도 지나지 않아 낙타는 다시 추위를 느꼈다.

"주인어른, 더 추워졌는데요. 머리를 집어넣어도 될까요?"

처음엔 머리를 집어넣더니 이내 목까지 집어넣었다. 그리고 마지막엔 주인에게 묻지도 않은 채 몸뚱이 전체를 좁은 텐트 속으로 우겨넣었다. 그 유목민은 자리를 잡았다고 생각했지만, 결국 아무것도 덮지 않은 채 낙타 밑에 깔려 있게 되었다. 결국 낙타가 텐트를 뿌리째 뽑아 텐트가 낙타의 몸뚱이에 걸쳐 있었다. 낙타가 물었다.

"텐트가 어디로 갔지?"

욕망의 낙타는 처음엔 조금씩 들어오지만 결국 우리 자신 전체를 망가트릴 것이다.

다급한 마부

옛날, 잠결에 독이 있는 생물을 삼켰다가 목에 걸린 사람이 있었다. 그는 거의 정신이 나간 상태에서 중독되지 않기 위해 기침을 해대며 몸부림을 쳤다. 그러나 정작 독이 들어 있는지조차 자세히 알 수 없었다.

그런데 말을 타고 지나던 사람이 그 사건을 언뜻 목격했다. 그는 즉시 채찍을 들고서 사내를 무자비하게 두들겨 팼다.

반쯤 혼이 나간 사내는 매질을 중지하라고 소리치려 했지만, 말이 입 밖으로 나오지 않았다. 그는 이리저리 달리다가 넘어지기도 하고 땅에 뒹굴기도 했다. 그런데도 말 탄 사람은 무자비한 매질을 계속하였다. 한 마디 말도 하지 않고서…….

결국 몸에서 생긴 엄청난 반발력으로 인해 독이 있는 생물이 위장에서 나왔다. 그 짐승은 바닥에 떨어지자 즉시 달아났다. 그러자 말 탄 사람은 한 마디 말도 하지 않은 채 말을 타고 떠나갔다.

그제야 죽다 살아난 사내는 부당하게만 보였던 매질이 사실은 독이 몸속에 퍼지기 전에 몸 밖으로 뱉어내기 위한 유일한 길이었음을 깨달았다.

우리의 탐욕과 오만, 독선 등이 바로 독이다. 참다운 스승은 이 독을 뽑아내기 위해 채찍질을 하지만 채찍을 맞는 당사자는 이해하지 못한다.

두 승려

두 승려가 절로 돌아가다가 강가에서 아름다운 여인을 만났다. 여인은 두 승려와 마찬가지로 강을 건널 참이었지만 무서워서 머뭇거리고 있었다. 그러자 한 승려가 그녀를 업고서 강을 건넜다. 다른 승려는 내심 분노를 느꼈다.

"아니, 신성한 계율을 어기다니! 승려라면 여자와 접촉해선 안 된다는 걸 모른단 말인가! 그런데 손을 댄 건 고사하고 업기까지 하다니. 신성한 불교에 먹칠하는 짓이 아니던가……."

이렇게 절에 돌아올 때까지 곱씹다가 절 문 앞에서 마침내 입을 열었다.

"여보게, 자넨 계율을 어겼네."

"무슨 계율을 말인가?"

"아니, 벌써 잊었는가? 자네가 아까 아름다운 여인을 업고 강을 건너지 않았나?"

"아, 그 일 말인가. 강을 건넌 다음 그녀를 내려놓지 않았나? 여기서 아마 십 리는 될 걸세. 그런데 자네는 그녀를 여기까지 안고 왔나보네, 그려."

죄짓는 행위보다는 죄에 대한 원념이나 사념이 더 해롭다. 육신이 잠시 쾌락에 빠지는 일과 마음으로 그것을 끝없이 되씹는 일은 전혀 별개의 것이다.
– 어느 수피 스승의 말이다.

길손

한 관광객이 유명한 랍비를 찾았다.

그는 랍비의 집을 둘러보다 단칸방에 책만 가득한 걸 보고는 깜짝 놀랐다. 가구라고는 탁자 하나에 긴 의자 하나뿐이었다. 관광객이 랍비에게 물었다.

"랍비 님, 가구는 어디 있습니까?"

"당신 것은 어디 있소?"

"제 것이라뇨? 저야 여기선 그저 지나가는 길손에 불과합니다."

"나 역시 그렇소."

천하를 호령하던 알렉산더 대왕이 남긴 유언은 우리 모두를 숙연하게 만든다.

"내가 죽으면 관 양쪽으로 구멍을 뚫어 양손을 내놓게 하라. 인생은 본래 빈손으로 왔다가 빈손으로 가는 것을 온천하가 알도록……."

내 홀로 왔다,

홀로 죽으리.

시간 사이에서 나는

밤이든 낮이든 홀로 있을 뿐.

까마귀

까마귀가 고깃덩이를 물고 하늘로 솟구치자, 다른 까마귀들이 쫓아오면서 쪼아대기 시작했다.

고깃덩이를 물고 있던 까마귀는 견디다 못해 고기를 떨어트려 버렸다. 그러자 뒤따라오던 까마귀들은 그를 내버려두고 떨어지는 고깃덩이를 쫓아갔다.

뒤에 남은 까마귀가 하는 말.

"이제 여긴 평화롭구먼. 온 하늘이 내 것일세."

돈과 명예와 권력을 소유했다는 사람을 보면 대개가 돈과 명예와 권력에 소유당한 사람이다. 진정으로 무소유의 삶을 살 수만 있다면 온 우주가 당신 것이다.

잠자는 편이 낫다

어렸을 적 나는 독실한 신앙을 가진 소년이었어. 어느 날 밤 나는 코란을 무릎에 얹고 아버지와 함께 밤 기도시간을 수행하고 있었지.

그런데 방 안에 함께 있던 사람들은 점점 졸기 시작하더니 이내 잠들어버렸어. 그래서 나는 아버지에게 말했지.

"아무도 눈을 뜨고 고개를 들고서 기도하는 사람이 없네요. 아버지께선 이들이 모두 죽은 사람처럼 생각되겠지요?"

그러나 아버지께선 이렇게 대답했어.

"사랑하는 아들아. 난 네가 저들을 헐뜯기보다는 차라리 너도 저 사람들처럼 잠들어버렸으면 좋겠구나."

소위 종교인들에겐 자기는 이미 올바르다고 생각하는 자만심이 깃들어 있다.

겸손한 큰 나무

넓은 숲속에 매우 잘난 척하는 작은 나무가 있었다. 그는 종종 땅을 쳐다보면서 자기보다 키가 작은 꽃과 풀들을 바라보다가 고개를 흔들며 말했다.

"여러분, 내가 얼마가 큰지 좀 보세요! 땅에서 아주 멀리 떨어져 있잖아요!"

이렇게 허풍을 떨면서 아주 의기양양해했다.

숲의 다른 한쪽에는 아주 커다란 천 년 된 고송이 있었다. 고송은 종종 눈을 들어 창공을 바라보며 탄식했다.

"나는 어쩌면 이리도 작을까! 광활한 하늘까지 아직 멀리 떨어져 있으니. 얼마나 지나야 비로소 하늘의 구름을 만날까?"

누구든지 자기를 높이는 사람은 낮아지고 자기를 낮추는 사람은 높아진다. (마태복음)

겉모습

증국번이 한번은 절에 참배를 하러 갔다. 스님은 그의 용모가 그저 그런 것을 보고 평범한 손님이라 생각해서 대충대충 인사했다.

"앉아요. 차…….

그가 두 번째로 그 절에 갔을 때는 비교적 화려하고 단정한 차림을 했다. 스님은 약간 예의 있게 대하며 작은 스님에게 분부했다.

"앉으세요. 차를 내와라."

세 번째 다시 갔을 때, 사람들은 모두 그가 유명한 관리라는 것을 알았다. 그래서 매우 공손하게 그를 맞이했다.

"앉으시지요. 좋은 차를 내와라."

그리고 스님은 모처럼의 기회를 잡자 문방사우를 가져와 그에게 기념으로 글을 남겨달라고 했다.

증국번은 붓을 들어 썼다.

'앉아요, 앉으세요, 앉으시지요. 차, 차를 내와라, 좋은 차를 내와라.'

이것을 본 스님은 매우 부끄러워했다.

외모가 인간을 만들지는 못한다. 그러나 적어도 눈에 비치는 전부는 그것으로 형성되어 있다. (데일 카네기)

참교육(1)

한 늙은 어부의 물고기가 아주 잘 팔렸다. 많은 사람들이 그의 물고기를 사갔고, 사람들은 그가 파는 물고기가 아주 질이 좋다고 생각했다. 다른 어부들은 아무리 생각해봐도 어떻게 된 일인지 알 수 없었다.

왜냐하면 그들은 같은 장소에서 같은 물고기를 잡았고, 심지어 물고기를 담아두는 물도 같은 곳에서 왔기 때문이다. 물고기도 같고 물도 같았지만, 손님들은 여전히 그 늙은 어부의 고기가 가장 맛있다고 했다.

물고기를 잘 파는 늙은 어부가 어느 날 멀리 여행을 가게 되었다. 다른 어부들은 그의 물고기가 담긴 통을 철저하게 살펴서 좋은 물고기의 비결을 찾아내기로 했다.

그들은 몰래 늙은 어부의 집으로 갔지만, 그들을 놀라게 할 어떤 것도 찾지 못했다. 단지 통 안에는 큰 물고기 한 마리가 물통 안에서 쉬지 않고 맹렬하게 헤엄치고 있었다. 그들은 한참을 생각한 끝에 마침내 답을 알아냈다.

큰 물고기는 물속에서 이리저리 부딪히면서 다른 물고기들을 잠시도 가만히 있게 하지 않았다. 작은 물고기들을 통 안에서 멈추지 않고 움직이게 함으로써 물고기의 육질을 자연히 더 좋아지게 한 것이다.

참교육(2)

한 국왕이 모처럼 바다에 나가 놀고 있었다. 배가 항해하고 있을 때 공교롭게도 큰 비바람이 몰아쳤다. 병사 한 명이 처음 배를 탔는지 겁에 질려 울면서 소리쳤다.

그가 쉬지 않고 시끄럽게 소리치자 배 위의 사람들은 참을 수가 없었다. 국왕도 그를 가두라고 명령을 내리고 싶었다.

이때 국왕 옆에 있던 한 신하가 말했다.

"그를 가두지 마십시오, 제가 즉시 조용케 하죠."

신하는 선원에게 그 병사를 묶어서 바다에 던지라고 명령했다. 불쌍한 그 남자는 바다에 빠지게 되자 더욱 큰소리로 울부짖으며 몸부림쳤다. 몇 초 후에 신하는 그를 배 위로 끌어올리라고 명했다.

배로 올라오자 정말 신기하게도 방금까지 히스테릭하던 병사는 조용히 배 한 쪽에 가서 숨소리조차 내지 않았다. 국왕은 신기해서 신하에게 어찌된 일인지 물었다. 신하가 대답했다.

"상황이 더욱 힘들어지기 전까지는 사람들은 자신이 얼마나 운이 좋은지 알지 못합니다."

참교육(3)

생물학자들은 말한다; 나방이 번데기를 만들 때 날개는 완전히 발달되어 있지 않은 상태다. 그래서 고치에서 나올 때 한 차례의 몸부림질을 통해 신체의 체액이 날개까지 흘러가야 비로소 두 날개에 힘이 생겨 하늘을 날 수 있다.

어떤 사람이 마침 나무 위의 고치가 활동을 시작하려는 것을 보았다. 아침 내내, 그는 인내심을 가지고 옆에서 지켜보았다. 나방은 안에서 있는 힘을 다해 몸부림치고 있었지만, 여전히 벗어나지 못하고 나올 수 없을 것만 같았다.

참다못한 그는 칼로 고치 위에 작은 구멍을 뚫어주어서 나방이 쉽게 나올 수 있도록 해주었다. 마침내 나방은 쉽게 기어 나왔다. 하지만 몸은 비정상적으로 둔했고 날개도 이상했다.

그의 도움은 화의 근원이 되고 말았다. 그 나방은 하늘로 날아오르지 못했을 뿐 아니라, 나방의 완전한 아름다움을 보이지도 못한 채 괴로워하며 잠시 기어오르다 곧 죽고 말았다.

나무에 가위질을 하는 것은 나무를 사랑하기 때문이다. 부모에게 야단맞지 않고 자란 아이는 똑똑한 사람이 될 수 없다. 겨울의 추위가 심할수록 봄의 나뭇잎은 더욱 푸르다. 사람도 역경에 단련되지 않고서는 큰 인물이 될 수 없다.(프랭클린)

사냥꾼이 활을 잃다

초나라의 작은 시골에 한 사냥꾼이 있었다. 그는 매일 산에 올라가 사냥을 해서 가족을 먹여 살렸다.

어느 날, 사냥꾼은 사냥에서 돌아왔다가 자신이 활을 잃어버린 것을 알았다. 가족들은 그에게 빨리 가서 찾아오라고 했지만 사냥꾼은 찾아올 뜻이 없었다. 그가 말했다.

"됐어. 초나라 사람이 잃어버렸으니 초나라 사람이 줍겠지."

이 일을 공자가 듣고 말했다.

"만약 초 자를 떼어내면 '사람이 잃어버렸으니 사람이 줍겠지'가 되겠군. 훨씬 의미가 있지 않은가."

후에 노자도 이 사건에 대해 듣고 말했다.

"만약 사람이라는 글자를 떼어내면 '잃어버렸으니 줍겠지'가 되니 의미가 더 크겠군."

잃어버렸든 아니면 주웠든 노자의 '자연'에서는 본질적으로 차이가 없다.

여기가 더 밝아요

어떤 사람이 땅바닥에서 뭔가를 찾고 있는 남자를 보았다.

"뭘 잃어버린 거요?" 그가 물었다.

"내 열쇠요." 남자가 대답했다.

두 사람은 함께 무릎을 꿇고 찾아보았다.

잠시 뒤 그 사람이 물었다.

"정확히 어디에 떨어뜨렸죠?"

"내 집에요."

"아니, 그런데 왜 여기서 찾죠?"

"내 집 안보다 여기가 더 밝거든요."

많은 사람들이 내면의 문제를 외부에서 해결책을 찾는데, 그 이유는 겉으로는 외부가 더 밝게 보이기 때문이다. 그러나 자기 내부의 어둠에 붉을 밝히기 전에 문제 해결은 불가능하다.

바보

어떤 사람이 친구와 약속을 했다. 약속된 시간에 그는 친구의 집을 찾아갔으나, 친구는 외출하고 없었다.

약속을 어긴 사실에 너무나 화가 난 그는 분필로 대문에다 이렇게 써놓았다.

"바보 멍청이."

집으로 돌아온 친구는 대문에 써놓은 글을 보았다. 그리고 곧바로 그의 집으로 달려가서 말했다.

"난 약속한 사실을 잊고 있었네. 자네가 찾아온다는 걸 말이야. 그때 집에 있지 않았던 걸 사과하네. 물론 나는 자네가 대문에다 자네 이름을 남겨놓은 걸 보고는 금방 약속을 기억해 냈지."

사람은 누구나 실수를 하고 잘못을 저지를 수 있다. 그러나 그런 잘못이나 실수에 대해 비난만 한다면, 상대를 비난하는 말이 그대로 화살이 되어서 자기에게 되돌아올 수 있다.

환경은 입장을 바꾼다

비가 억수같이 퍼붓고 있었다. 마을에서 가장 신앙심이 깊은 척하는 남자가 비를 피할 곳을 찾아서 달려가고 있었다. 이 광경을 본 마을 사람이 맹렬히 그를 비난했다.

"어떻게 감히 신이 하사하는 하늘의 액체를 피할 수 있단 말이오? 당신이 신앙심 깊은 사람이라면, 저 비가 만물에 대한 축복이란 걸 알아야 하오."

남자는 자신의 명망을 해치고 싶지 않았다.

"난 미처 그렇게는 생각지 못했소."

이렇게 말하면서 그는 발걸음을 늦췄다. 결국 집에 돌아왔을 때는 흠뻑 젖어서 감기에 걸리고 말았다.

얼마 뒤 남자는 창가에서 담요를 두르고 앉아 있다가, 그때의 마을 사람이 비를 피해 달려가는 모습을 보았다.

"신의 축복으로부터 왜 도망치는 거요. 빗속에 깃든 축복을 어떻게 감히 저버린단 말이요?"

"아," 마을 사람이 대답했다. "난 그 신성한 축복을 내 발로 밟아서 더럽히고 싶지 않소. 당신은 미처 그걸 깨닫지 못한 것 같소."

이념이나 종교적인 도그마에 사로잡힌 사람은 이념이나 종교에 무지한 자보다 더 무지할 수 있다.

사랑이 먼저!

　자동차 면허를 딴 지 얼마 되지 않은 젊은 부인이 어느 날 차를 몰고 집으로 돌아오다가 마주 오던 차와 부딪혔다. 다행히 사고는 크지 않고 단지 범퍼만 약간 손상되었다. 그러나 그 차는 남편이 며칠 전에 새로 산 차였다. 그녀는 마음이 조급해져서 눈물이 났다. 집으로 돌아가 남편에게 뭐라고 해야 할지 몰랐다. 그녀가 상대방과 서로의 면허증 번호와 차번호를 적으려고 봉투에 들어 있던 보험카드를 꺼내는데 작은 종이조각이 떨어졌다.

　종이에는 이렇게 쓰여 있었다.

　"만약 자동차 사고가 나면 기억해요, 여보. 내가 사랑하는 것은 차가 아니라 바로 당신이요."

미움은 말썽을 일으키고 사랑은 온갖 허물을 덮어준다. (구약. 잠언)

음식과 옷차림

어느 마을에서 잔치가 벌어졌는데, 어느 누구나 초대한다는 초대장을 마을 사람 모두에게 돌렸다. 마을 남자 하나가 그 소식을 듣자마자 재빨리 연회장으로 달려갔다.

연회를 주최한 사람은 마을 남자가 누더기 옷차림인 걸 보고는 가장 구석진 자리에다 그를 앉혔다. 그곳은 귀한 손님을 위해 마련된 가장 큰 테이블이 있는 자리에서 아주 멀리 떨어진 장소였다.

마을 남자는 적어도 한 시간은 있어야 웨이터가 자기가 앉아 있는 자리로 올 거라는 사실을 알았다. 그는 즉시 벌떡 일어나 집으로 갔다. 그리고 아주 화려한 옷으로 갈아입은 뒤 다시 연회장으로 돌아왔다. 주최측은 남자의 번쩍거리는 화려한 모습을 보자, 환영의 북과 나팔을 울리면서 귀한 손님을 맞는 예절로써 그를 맞이했다.

웨이터가 와서 연회를 주최한 사람 옆자리로 남자를 안내했다. 멋진 음식이 즉시 남자 앞에 차려졌고, 그는 음식을 보자마자 전혀 망설이지 않고 음식을 잔뜩 집어서 옷에다 문지르기 시작했다.

연회를 주최한 사람이 남자에게 말했다.

"당신의 식사 습관은 아주 특이하군요. 내겐 아주 새로운 거요."

"전혀 특별할 게 없습니다." 남자가 말했다. "이 옷이 내게 이런 자리를 마련해주었고, 이런 멋진 음식도 준 것 아닙니까? 그러니 옷도 자신의 몫을 받아야 되지 않겠습니까?"

육체에만 꼭 맞는 옷을 입기보다는 오히려 양심에 꼭 맞는 옷을 입어라.(톨스토이)

나스루딘과 현자^{賢者}

철학자, 논리학자, 법학 박사들이 나스루딘을 심문하기 위해 법정에 정렬했다. 이 건은 매우 중대한 사안이었다. 왜냐하면 나스루딘이 마을을 돌아다니면서 이렇게 말했기 때문이다.

"소위 현명한 자들은 실제론 무지하고, 우유부단하고, 혼란되어 있을 사람들뿐이다."

그의 죄목은 국가 기밀을 손상한다는 것이었다.

"네가 먼저 말해도 좋다." 왕이 말했다.

"종이와 펜을 갖다 주십시오." 나스루딘이 말했다.

종이와 펜이 도착했다.

"먼저 일곱 명의 뛰어난 학자에게 종이와 펜을 나눠주십시오."

종이와 펜이 분배되었다.

"'빵이란 무엇인가?' 이 질문에 대한 답을 제각기 쓰도록 해주십시오."

일곱 명의 학자들은 제각기 답을 썼다.

종이가 왕에게 건네지자, 학자들은 자기가 쓴 걸 읽었다.

첫 번째 학자가 말했다. "빵은 음식입니다."

두 번째 학자가 말했다. "빵은 밀가루와 물입니다."

세 번째 학자가 말했다. "신의 선물입니다."

네 번째 학자가 말했다. "구운 반죽입니다."

　다섯 번째 학자가 말했다. "당신이 '빵'을 어떤 의미로 쓰느냐에 따라서 변할 수 있습니다."

　여섯 번째 학자가 말했다. "영양가 있는 물체입니다."

　일곱 번째 학자가 말했다. "어느 누구도 진정으론 알지 못합니다."

　나스루딘이 말했다.

　"학자들이 '빵이란 무엇인가?'를 결정할 수 있을 때 다른 문제도 결정할 수 있을 겁니다. 예를 들면 내가 옳았는지 틀렸는지 하는 문제 따위죠. 왕께선 이런 사람들이 내리는 사정^{司正}과 심판을 신뢰할 수 있습니까? 매일 먹는 것에 대해서도 일치하지 못하면서, 내가 이단자라는 것에 대해선 만장일치라니 도대체 이상하지 않습니까?"

　인간은 과연 '진실'을 알 수 있는가? 노자^{老子}는 '아는 자는 말 못하고, 말하는 자는 알지 못한다'고 했으며, '진실'에 대한 수많은 견해를 불교에서는 '장님 코끼리 만지기'라고 풍자했다.

지연의 문제점

비행기가 고장이 났다. 기장의 목소리가 흘러나왔다.

"엔진 하나에 결함이 생겼습니다. 하지만 위험은 없습니다. 세 개의 엔진만으로 날기 때문에 5분 늦을 겁니다."

승객 몇 명이 좀 놀란 듯하였다. 하지만 한 남자 승객이 그들을 안심시키며 말했다.

"5분은 별로 큰 차이가 아니요, 친구들."

그러나 잠시 뒤 다시 기장의 목소리가 들렸다.

"또 하나의 엔진이 작동되지 않습니다. 두 개의 엔진으로도 갈 수 있습니다만, 도착 시간은 30분 늦을 겁니다."

몇몇 승객이 불안한 모습을 보이자 남자가 다시 이야기했다.

"30분 정도가 무슨 상관이 있겠습니까? 당나귀를 타고 가는 것보단 낫잖아요!"

30분 정도가 지나자 다시 비행사의 목소리가 들려왔다.

"유감스럽게도 세 번째 엔진이 고장 났다는 소식을 전해야겠군요. 목적지까지는 한 시간 정도 늦을 겁니다."

남자가 말했다.

"자, 마지막 엔진이 고장 나지 않도록 기원합시다. 아니면 하루 종일 여기 떠 있게 될 테니까요!"

계속되는 지연은 사태의 본질을 흐리게 한다.

경고

한 목사가 바보들의 나라로 들어갔다.

"오, 사람들이여," 그가 소리쳤다. "죄와 악은 가증스러운 것입니다."

이처럼 목사는 몇 주 동안 매일같이 같은 말을 반복했다.

어느 날 그가 막 설교를 시작하려는데, 바보 나라 사람들이 팔짱을 끼고 서 있는 모습이 보였다. 목사가 물었다.

"뭘 하려는 겁니까?"

"우린 당신이 종일토록 말하고 있는 그 죄와 악에 대해 뭔가 하기로 방금 결정을 내렸소."

"그럼 죄와 악을 멀리하기로 결정을 내렸단 말씀입니까?"

"아니요, 우린 당신을 추방하기로 결정을 내렸소."

설교는 가슴에서 가슴으로 전달되어야 한다. 당위적인 말만을 반복한다면 오히려 듣는 사람의 반발을 불러일으킬 뿐이다.

래디시

훌륭한 수피 스승이 있었다. 그는 가르치기를 거부했지만 때때로 구도의 길을 가는 사람에게 충고를 해주기도 했다.

어느 날 그는 '신비 의식儀式'에 참석했는데, 더 이상 배울 수 없을 정도로 비정상적으로 변한 사람이 스승을 찾아왔다.

"어떻게 해야 현자賢者의 가르침에서 최고의 이익을 얻을 수 있을까요?" 그가 물었다.

"자네에게 말해줄 수 있어 정말 행복하다네. 내가 자네에게 꼭 맞는, 절대로 확실한 방법을 알고 있거든." 스승이 대답했다.

"그것이 무엇입니까?"

"단순해! 자네의 귀를 막고 래디시(서양 무)에 관해서만 생각하게."

"설교를 듣거나 수행하기 전에 합니까, 아니면 설교를 듣거나 수행하는 동안에 합니까, 그것도 아니라면 설교를 듣거나 수행한 후에 합니까?"

"그런 것들 대신에 하란 말일세."

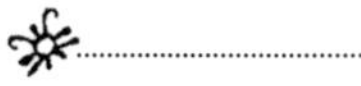

삿된 종교에 빠져서 일생을 허비하는 사람이 있다. 그들에게는 어떤 참된 가르침도 귀에 들어가지 않는데, 그때는 이 수피 스승과 같은 처방전이 효과적일 수 있다.

선거 후보

선거가 다가왔다. 마을은 시청에서 시민들에게 연설할 모든 후보를 초대했다. 어느 유명한 연예인도 흥겨운 오락을 제공하기 위해 초대되었다.

세 후보의 연설이 끝나자, 연예인이 연단에 올라가 말했다.

"내가 여기에 온 것은 여러분에게 특별 요리법을 알려주기 위해섭니다. 제 말을 메모해두었다가 한번 시도해보십시오."

그리고는 일정한 양의 설탕과 마늘과 생선을 한데 넣고 끓여서 먹으라고 말했다.

아주 많은 사람들이 연예인의 말대로 요리했다.

하지만 그 맛은 아주 지독한 것이었다. 몇몇 사람이 연예인의 집으로 쳐들어와서 왜 그런 엉터리 요리를 가르쳐주었냐고 물었다.

"글쎄요." 연예인이 말했다. "난 내가 그 요릴 좋아한다고는 말하지 않았습니다. 실제로 먹어보지도 않았죠. 하지만 내겐 그 요리법이 아주 좋은 아이디어처럼 보였어요. 그 요리가 어떤 맛인지 알고 싶었죠. 선거 후보들이 하는 짓이 다 이런 거잖아요, 안 그래요?"

선거철만 되면 정치인의 말잔치가 벌어진다. 하지만 그 말의 성찬은 마치 인공으로 만든 조화造花와 같아서 허울만 좋을 뿐 먹을 수가 없다.

진실과 거짓

한 남자가 해변을 걷고 있는데 목이 말랐다. 그래서 그는 몸을 구부려 물을 마셨다. 하지만 어찌나 짠지 진저리가 쳐질 정도였다. 남자는 1마일이나 떨어져 있는 마을 우물로 달려갔다.

"빨리, 내게 물주전자를 보여줘요!"

남자가 헐떡이면서 물을 긷고 있는 여인에게 말했다.

"왜요, 목마른 거잖아요?"

"그렇소. 하지만 우선 진짜 물이 어떤 것인지 이 사기꾼(눈을 가리킴)에게 보여주어야겠소."

눈으로 보았다고 해서 모두가 진실은 아니다.

곤경에서 탈출하는 법

어느 날 오후, 한 사람이 길을 따라 걷고 있는데, 어떤 남자가 지하정거장 레일 사이에 빠져 있었다. 몰려든 사람들은 그 남자가 기차에 치이기 전에 꺼내려고 했다.

사람들이 소리쳤다. "손을 내게 줘요give!"

하지만 그 남자는 손을 뻗으려 하지 않았다.

이때 그 사람이 군중을 뚫고 들어가 몸을 굽히면서 물었다.

"친구여, 당신은 무슨 직업을 갖고 있습니까?"

"난 소득세 검사관입니다." 남자가 헐떡이면서 말했다.

"그렇다면 내 손을 잡아요take!"

남자는 즉시 그의 손을 잡고 안전하게 올라왔다.

남자를 구해준 사람이 입을 딱 벌리고 있는 사람들을 향해 돌아섰다.

"세무원에겐 결코 뭔가를 달라고give 요구하지 마시오."

이렇게 말하고는 유유히 빠져나갔다.

사람의 성격이나 버릇은 직업에 깊이 영향을 받는다. 화살 만드는 사람은 화살이 뚫지 못할까 걱정하고, 방패 만드는 사람은 막지 못할까 걱정한다.

매춘부와 기독교도

한 수녀가 자기 반 아이들에게 나중에 커서 뭐가 되고 싶은 지 물었다.

어린 토미는 파일럿이 되고 싶다고 말했다. 엘자는 의사가 되고 싶어했다. 보비가 신부가 되고 싶다고 하자, 수자는 매우 기뻐했다.

그때 메리가 벌떡 일어서서 자기는 매춘부가 되고 싶다고 말했다.

"뭐라고! 다시 말해봐, 메리?"

"내가 성인이 되면," 메리는 자기가 바라는 것이 무엇인지 정확히 알고 있다는 듯이 말했다. "전 매춘부가 될 거예요."

수녀는 너무 놀라 말문이 막혔다. 메리는 즉시 다른 아이들과 격리되어 교구 신부에게 맡겨졌다.

교구 신부는 사건의 개요에서 모든 사실을 알았지만, 피의자에게 직접 알아보고 싶었다.

"정확히 어떤 말을 했는지 내게 말해주렴, 메리."

"네," 메리는 이 모든 소동에 약간 당황해하면서 말했다. "수녀님이 아이들에게 커서 뭐가 되고 싶은지 물었어요. 그래서 전 매춘부가 되고 싶다고 말했죠."

"넌 분명 '프로스티튜트^{prostitute 매춘부}'라고 말했단 말이지."

신부는 두 번이나 다짐하듯 물었다.

"네."

"됐어! 정말 다행이구나! 우리 모둔 네가 '프로테스탄트^{protestant} 기독교도'가 되고 싶다는 줄 알았단다."

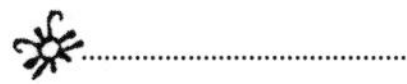

오늘날 종교 간의 교류는 정말로 필요하지만 매우 조심스럽고 민감한 분야이다. 진정한 교류는 내면의 교류이지 외적인 교류가 아니기 때문이다.

법과 실제

한 남자가 길가에서 다이아몬드를 주웠다. 하지만 율법에 따르면, 발견한 사람은 그 물건을 시장 한복판에서 세 번(시간 간격을 두고) 고지해야만 자기 것이 되었다.

남자는 종교적인 믿음이 있어서 율법을 무시할 수 없었지만, 또 한편 욕심이 많아서 자기가 얻은 다이아몬드를 나누고 싶지도 않았다. 그래서 사흘 내내 모든 사람이 잠든 틈을 타서 시장 한복판에서 소곤대는 목소리로 고지했다.

"난 마을 입구에서 다이아몬드를 주웠습니다. 주인을 아는 사람은 누구든지 즉시 나에게 알려주십시오."

물론 아무도 남자의 말을 듣지 못했다. 그러나 사흘째 밤, 우연히 창가에 서 있던 사람이 그가 중얼거리는 소리를 들었다. 그 사람이 무슨 말인지 확실히 들려달라고 하자, 남자는 이렇게 대답했다.

"내가 당신에게 말해줄 의무는 없소. 하지만 이 정도까지는 얘기하겠소. '종교적인 사람인 나는 율법대로 어떤 말을 고지하기 위해 한밤중에 이곳으로 왔소.'"

법적인 진실이 반드시 도덕적 진실을 보장해주진 못한다. 법을 어기지는 않지만 자기 욕심을 채우기 위해 법을 이용하는 자도 많다.

신의 뜻

한 신부가 창가의 책상에 앉아서 신의 섭리에 대한 설교문을 작성하고 있었다. 그때 마치 무언가 폭발하는 소리가 들렸다. 곧이어 그는 사람들이 겁에 질려 우왕좌왕하는 모습과 댐이 터져 홍수가 나서 사람들이 대피하는 소동을 보았다.

낮은 곳에서부터 물이 차오르는 광경을 본 신부는 솟구치는 공포심을 억누르기 힘들었지만 스스로에게 이렇게 타일렀다.

"여기서 난 신의 뜻에 대한 설교문을 작성하고 있었지. 이제 내가 설교한 것을 실천할 수 있는 기회가 주어진 거야. 난 도망치지 않겠어. 이곳에 있으면서 날 구원할 신의 뜻을 믿을 거야."

물이 창가에까지 차오르자, 사람들을 가득 태운 보트가 다가왔다.

"이리 뛰어요, 신부님." 그들이 소리쳤다.

"아닐세, 형제들." 신부가 확신에 차서 말했다. "난 날 구원할 신의 뜻을 믿고 있지."

신부는 지붕 위로 올라갔다. 하지만 물이 지붕까지 차오르자, 다시 사람들을 태운 보트가 다가와서 빨리 올라타라고 재촉했다. 신부는 다시 거절했다.

신부는 이제 종각까지 올라갔다. 물이 무릎까지 차오르자, 모터보트를 탄 관리가 그를 구하러 왔다.

“아니요, 선생.” 신부가 조용한 미소를 지으며 말했다. “알다시피 난 신을 믿고 있소. 그는 결코 날 저버리지 않을 거요.”

결국 신부는 익사해서 하늘나라로 갔다. 맨 먼저 그는 신에게 불평했다.

“난 당신을 믿었습니다! 왜 당신은 날 구원하지 않았습니까?”

“무슨 말인가!” 신이 말했다. “자네도 알다시피, 난 세 번이나 보트를 보냈네.”

신은 모든 인간 안에 살지만, 모든 인간은 신 속에 살지 않는다. (브라만 경전)

성직자

낙하산병이 바람 부는 날에 비행기에서 점프했다. 하지만 강풍으로 인해 코스에서 벗어나 1백 마일이나 날려갔다. 마침내 낙하산병은 나무 위로 떨어져 가지에 걸리고 말았다. 그는 아무도 오지 않는 곳에서 몇 시간씩이나 살려달라고 소리쳤다.

마침내 한 사람이 지나면서 물었다.

"당신, 어째서 그 나무에 매달려 있는 거요?"

낙하산병은 자초지종을 설명하고 나서 그 사람에게 물었다.

"내가 지금 어디 있죠?"

"나무 위에 있소."

그 사람이 대답했다.

"여보쇼! 당신, 분명히 성직자일 거요!"

나그네는 말문이 막혔다.

"그렇소. 난 성직자요. 그런데 도대체 어떻게 알았소?"

"당신 말이 분명 진실이긴 하지만, 또 한편 전혀 쓸데없는 말이니까요."

성직자가 가슴에서 우러나는 말을 하지 않고 단지 '……해야 한다'는 식의 말만 늘어놓는다면, 그의 말은 설사 틀리지는 않더라도 아무 감동이 없는 의례적인 말에 불과하다.

호두나무를 쓰는 이유

어떤 중사가 신병들에게 총 개머리판을 호두나무로 쓰는 이유를 물었다. 신병 하나가 말했다.

"다른 나무보다 더 단단하기 때문이죠."

"틀렸어."

"탄력성이 더 있기 때문입니다."

"또 틀렸어."

"더 좋은 광택을 내기 때문이죠."

"자네들, 좀 더 배워야겠구먼. 호두나무를 쓰는 이유는 아주 간단하지. 바로 군대 규정에 그걸 쓰기로 되어 있기 때문일세."

규율은 인간의 삶을 위한 것이지만, 너무 강조하다 보면 오히려 인간이 그 규율에 예속된다.

세속

한 스승이 제자의 영적 진보에 깊은 감명을 받았다. 더 이상 가르칠 필요가 없다고 판단한 스승은 제자를 강둑 위에 있는 자신의 조그만 오두막으로 보내서 수행하게 했다.

매일 아침 목욕을 하고 나면, 제자는 옷을 말리기 위해 걸어 놓았다. 그 옷은 그의 유일한 소유물이었다! 어느 날 그는 쥐가 갈기갈기 찢어놓은 옷을 보고는 당황했다. 결국 그는 마을에 나가서 다른 옷을 구걸해야 했다. 그 옷마저도 쥐가 갉아먹자, 그는 새끼 고양이 한 마리를 구했다. 그래서 더 이상 쥐로 인한 고생은 하지 않았다. 하지만 이번엔 자신의 음식을 탁발하는 일 외에도 고양이를 먹일 우유까지 구걸해야 했다.

'이렇게 많이 구걸하는 건,' 제자는 생각했다. '마을 사람들에게 너무 많은 짐을 지우는 거야. 암소 한 마리를 구해야겠어.'

암소를 구하고 나니, 이번엔 암소를 먹일 사료를 구걸해야 했다. '오두막 주변의 땅을 개간하는 것이 낫겠구먼.' 그는 이렇게 생각했다.

하지만 이번에도 역시 문제점이 나왔다. 이젠 명상할 시간이 거의 없다는 것이었다. 그래서 그는 땅을 경작할 일꾼을 고용했다. 그러나 일꾼을 감독하는 일이 문제가 되자, 그는 자기 일을 나눠서 할 아내를 얻었다. 물론 오래전에 그는 마을에서 가장 부유한 사람 중 하나가 되어 있었다.

몇 년 뒤 우연히 들른 스승은 오두막이 있던 자리에 궁궐 같은 맨션이 서 있는 걸 보고 깜짝 놀랐다. 그는 하인에게 물었다.

"여긴 내 제자가 살던 곳이 아닌가?"

하인이 대답도 하기 전에 제자가 나타났다.

"도대체 어찌 된 일이냐, 제자야?" 스승이 물었다.

"아마 믿기지 않을 겁니다, 스승님." 제자가 말했다. "하지만 내 단벌 옷을 유지하기 위해선 다른 도리가 없었어요."

한 치[寸]를 주면 한 자[尺]를 바라는 것이 세속의 욕망이다.

희망

파일럿이 승객들을 태우고 날고 있었다. 그가 말했다.

"우리가 곤경에 빠졌다는 소식을 전하게 되어 매우 유감입니다. 이젠 신만이 우릴 구할 수 있을 겁니다."

한 승객이 신부에게 파일럿이 무슨 말을 했느냐고 물었다. 신부가 대답했다.

"그는 우리에게 전혀 희망이 없다고 말했소!"

신은 당신에게 무엇인가? 구체적인 현실? 추상적인 관념? 아니면 절대적인 것에 대한 심리적인 투사?

세계의 지배자

한 사람이 수피 스승을 찾아와 말했다.

"오, 스승이여. 제게 은혜를 베풀어주십시오. 제발, 제 바람을 들어주십시오."

"무얼 바라는가?" 스승이 그에게 물었다.

"전 세 살 무렵부터 전 세계를 지배하고 싶었습니다. 내 손아귀에 세계를 쥐고 흔들고 싶었죠. 어떻게 하면 이룰 수 있을까 골몰한 나머지 밤에는 잠도 못 이룹니다.

전 온갖 성자와 수행자, 심지어 기적을 일으키는 사람들을 찾아다니면서 물어보았지만, 아무도 내게 마음의 평화를 주지 못했습니다. 그들이 제게 수백, 수천 개의 경전 구절을 주면서 암송하라고 해서 전 그대로 따라했습니다. 그들이 행하는 의식도 따라서 했죠. 하지만 제겐 아무 도움도 되지 못했습니다.

이제 마지막으로 당신을 찾아왔습니다. 제발 세계의 지배자가 될 수 있도록 해주십시오."

"그래? 그럼 내가 얘기 하나를 할 테니 들어보겠나?"

"예, 듣겠습니다."

한 제자가 스승에게서 마왕을 다스리는 법을 배우고 싶어했다. 그래서 스승은 주도면밀하게 연구한 주문을 그에게 가르쳤다. 어느 날 제자가 찾아와 열렬히 말했다.

"스승님, 전 주문을 터득했습니다. 이젠 능숙하게 주문을 다룹니다. 그러니 제가 주문을 사용하여 원하는 모든 것을 가질 수 있도록 허락해주십시오."

"자넨 아직 준비가 덜 됐네. 아직 미숙하지." 스승이 그에게 말했다. "준비가 안 된 상태에서 주문을 쓰는 건 현명치 못한 일이야. 적당한 시기가 올 때까지 기다리게."

제자는 안달이 났다.

"전 주문을 터득했고 이젠 아주 능숙하게 외웁니다." 그는 끊임없이 스승에게 지분거렸다. "난 준비됐어요, 난 준비됐어요. 난……."

스승은 제자가 끝없이 졸라대자 마침내 이렇게 말했다.

"정말 준비가 됐다고 생각하느냐? 난 전혀 그렇게 보이지 않지만, 네가 이토록 원하니 어쩔 수 없구나. 결과는 모두 네 책임이다."

스승은 제자에게 마왕을 부를 수 있는 능력을 주었다.

제자가 주문을 외자 마왕이 나타났다.

"왜 날 불렀소? 뭘 원하는 거요?" 마왕이 소리쳤다.

"내가 말하는 걸 해주게." 제자가 명했다.

"좋소. 뭘 해드릴까?" 마왕이 물었다.

"난 세상의 모든 황금과 보석으로 만든 궁전, 왕의 궁전보다 더 큰 궁전을 원한다.”

1초도 되지 않아서 궁전이 나타났다.

“이젠 뭘 해드릴까?” 마왕이 물었다.

“난 궁전 안에 황금으로 만든 식기와 접시, 컵 등이 갖춰지길 바란다.”

역시 1초도 되지 않아서 이루어졌다.

“이젠 뭘 원하죠?” 마왕이 물었다.

“세상에서 가장 좋은 가구를 모두 가져와 궁전에 들여놓게.”

즉시 가구가 궁전 안으로 들여졌다.

“이젠 또 뭐죠?” 마왕이 우렁찬 목소리로 물었다.

“세상에서 가장 아름다운 공주보다 더 아름다운 여인을 원하네.”

마왕은 즉시 그런 여인을 데려왔다.

“이젠 뭘 해야 하지?” 마왕이 말했다.

“난 필요한 모든 걸 얻었어. 이젠 더 일할 게 없네.”

“하지만 난 일이 필요하오. 내게 일을 주지 않으면 당신을 죽이겠소!”

제자는 곤경에 처했다. 그는 가장 어려운 일을 생각해내려고 애쓰다가 마침내 더듬거리며 말했다.

“코브라의 입에서 루비를. 코브라 입에서 루비를 내게 갖다 주게."

마왕이 사라지자, 제자는 즉시 스승에게 달려갔다.

"스승님, 어쩌면 좋습니까? 매초마다 마왕에게 일을 주지 않으면 날 죽이겠답니다. 전 원하는 걸 모두 얻어서 뭘 말해야 할지 모르겠습니다. 스승님, 제발 절 구해주십시오."

"난 네가 준비가 덜 됐다고 얘기했다. 하지만 넌 준비가 됐다고 주장했지." 스승이 말했다. "어서 가서 마왕에게 일을 주어라."

"전 얻고 싶은 것을 모두 얻었어요. 아내, 궁전, 땅, 나라 등등을요. 이젠 부족한 게 없어요. 마지막으로 코브라의 입에서 보석을 가져오라고 했습니다. 하지만 마왕은 금방 그 일을 해치울 겁니다. 돌아오자마자 날 죽일 거예요. 절 구해주세요, 스승님."

"난 너에게 경고했다. 준비가 덜 됐다고 말이야. 넌 내게 뭘 기대했지?" 스승이 말했다. "돈이나 재산을 모으는 데 단 몇 초가 걸렸듯이, 네 생명을 끝장내는 데도 단 몇 초가 걸릴 뿐이다. 이 사실을 깨닫기 위해선 넌 성숙할 필요가 있었어. 난 네게 원하는 것은 무엇이든 순식간에 얻을 수 있다고 말했지만, 또 한편 네가 얻은 것들이 순식간에 널 죽일 수 있다고 말했다. 하지만 넌 내 말을 듣지 않았어."

갑자기 마왕이 보석을 가지고 나타났다. "내게 일을 달라고!" 마왕은 제자 위에 우뚝 서서 우레와 같은 소리를 냈다.

제자는 공포에 질려 스승의 발에 매달렸다. 스승이 마왕에게 말했다. "잠시 기다리게." 그리고는 제자에게 말했다. "넌 내가 성숙할 때까지 기다리자고 한 말을 들어야 했다. 그런데 이제 와서 내 발에 매달리다니……."

바로 그때 꼬리가 말린 개 한 마리가 지나갔다. 스승이 제자에게 속삭였다.

"저 개의 꼬리를 펴달라고 마왕에게 말해라."

제자는 겁먹은 목소리로 마왕에게 명했다. 마왕은 꼬리를 폈다. 하지만 꼬리를 펴자마자 다시 원상태로 돌아갔다. 마왕은 거듭거듭 꼬리를 폈지만 꼬리는 여전히 말린 상태였다. 결국 도저히 꼬리를 펼 수 없자 마왕은 부끄러워서 도망쳤다.

당신은 세상을 지배할 수도 있고 온갖 것을 소유할 수도 있지만, 그런 것들은 즉각 당신을 죽일 수도 있다. 외적인 세상은 원자처럼 작은 점에 불과하지만, 마음 내부의 세상은 광대하기 짝이 없다. 당신이 마음이라 부르는 내적 세계를 지배하면, 말하자면 욕망과 환상을 다스릴 수 있다면 당신은 온 우주를 다스릴 수 있을 것이다.

어떻게 지냅니까?

한 남자가 물었다.
"요즘 어떻게 지내십니까?"
수피가 대답했다.
"아침에 일어나서 하루를 시작한 사람처럼 지내지. 저녁엔
죽어 있을지 모르니까."
"그건 누구에게나 해당되는 일 아닙니까?"
"맞아. 하지만 몇 사람이나 그걸 느끼고 있지?"

날로 새롭고, 날마다 새롭고, 또한 나날이 새롭도다. (대학)

금욕

금욕적인 생활을 하는 수행자가 있었다. 그는 자기 인생의 임무는 성性에 대항해 싸우는 것이라고 여겼다.

평생을 그렇게 살다가 그는 죽었다. 스승의 죽음에 충격을 받은 제자도 얼마 뒤 스승을 따라 죽었다. 저세상으로 간 제자는 자기 눈을 믿을 수 없었다. 절세가인이 존경하는 스승님 무릎 위에 앉아 있는 것이 아닌가!

그러나 스승이 지상에서의 금욕생활에 대한 보답을 받고 있다는 생각이 떠오르자, 제자의 충격도 많이 가셨다. 그는 스승에게 가서 말했다.

"존경하는 스승님, 전 이제 신이 공평하다는 걸 알겠어요. 왜냐하면 스승님은 금욕생활에 대한 보답을 하늘나라에서 받고 있으니까요."

스승은 화난 모습으로 대답했다.

"바보 같으니! 여긴 하늘나라가 아냐. 그리고 난 보답을 받는 것도 아니고. 그녀가 벌을 받고 있는 거야."

금욕이 해탈과 자유의 길로 인도하지 못한다면, 그리하여 단순히 금욕의 매너리즘에 길들여져만 있다면, 그것은 또 하나의 억압에 불과해서 인간을 둔화시킬 뿐이다.

함께 산다는 것

아라비아 공주가 자기 노예 중 한 사람과 결혼을 희망했다. 워낙 결심이 굳어서 왕은 말도 붙이지 못하고 있었다. 이때 현명한 노학자가 왕의 이야기를 듣고 말했다.

"폐하께선 잘못 판단하고 계십니다. 결혼을 막기만 하면, 공주는 계속 반항할 것이고 더욱 더 노예에게 이끌릴 것입니다."

"그렇다면 어찌해야 좋겠소." 왕이 소리쳤다.

노학자는 왕에게 방법을 제시했다. 왕은 의심쩍었지만 한번 해보기로 결심했다. 왕이 공주에게 말했다.

"난 노예와의 네 사랑을 시험해보기로 했다. 30일 동안 밤낮으로 널 네 애인과 함께 방에 가둬놓기로 했단다. 마지막 날에도 네가 여전히 그와 결혼하기를 바란다면 허락하겠다."

공주는 기쁨에 겨워 아빠를 꼭 껴안으면서 기꺼이 시험에 응했다. 이틀 동안 둘은 아주 잘 지냈지만, 이내 싫증이 나기 시작했다. 일주일도 못 가서 공주는 다른 반려자를 생각하기 시작했고, 연인의 말과 행동에 대해 사사건건 화를 냈다. 2주일이 지나자, 남자가 너무 싫어져 문을 쾅쾅 치면서 비명을 질러댔다. 마지막 날 방에서 나오자, 공주는 지긋지긋한 남자에게서 자기를 구해준 아빠가 너무 고마워서 팔로 꼭 껴안았다.

사랑의 열정은 어찌 보면 자기가 투사한 허상일 수 있다.

우정

"내 친구가 전쟁터에서 돌아오지 않았습니다, 장교님. 제가 가서 데려오겠으니 허락해주십시오."

"허락할 수 없네." 장교가 말했다. "난 자네가 죽었을지도 모를 사람을 위해 목숨을 거는 걸 바라지 않네."

그럼에도 병사는 전쟁터로 갔다. 한 시간 뒤 그는 치명적인 부상을 당한 채 친구의 시체를 업고 돌아왔다. 화가 치민 장교가 말했다.

"난 그가 죽었다고 말했네. 이제 난 자네마저도 잃게 됐어. 이미 죽은 시체를 가지러 갈 만한 가치가 있다고 생각하나?"

병사가 죽어가면서 대답했다.

"예, 있습니다, 장교님. 제가 친구를 찾았을 때는 아직 살아 있었습니다. 그가 내게 말했죠. '잭, 난 자네가 오리라 확신했지.'"

진정한 우정은 자신이 아니라 상대의 입장을 먼저 생각하고 배려하는 데 있다. 진정한 우정은 결코 계산이 아니다.

당근

　한 노부인이 죽었다. 저승사자는 그녀를 염라대왕 앞으로 데리고 갔다. 염라대왕은 그녀의 생전 기록을 검사했지만, 아무리 뒤져봐도 생전에 선행 한 번 제대로 한 적이 없었다. 딱 한 번 굶주린 거지에게 당근을 준 것을 빼놓고는.

　그러나 단 한 번 선행의 힘으로 그녀는 당근에 의지해 천국으로 올라가라는 판결을 받았다. 사자가 당근을 가져와 그녀에게 주었다. 그녀가 당근을 잡는 순간, 뭔가 보이지 않는 끈이 들어올리는 것처럼 하늘로 올라가기 시작했다.

　그때 거지 하나가 나타났다. 그는 그녀의 옷자락 끝을 잡고 따라서 올라갔다. 세 번째 사람이 거지의 발을 잡고 역시 따라서 올라갔다.

　이윽고 천국으로 올라가는 기나긴 행렬이 그 당근으로부터 죽 이어졌다. 그런데 이상하게도 노부인은 그녀를 잡고 있는 사람들의 무게를 전혀 느끼지 못했다. 실제로 그녀는 하늘을 쳐다보고 있었기 때문에 그들을 보지 못했다.

　계속 계속 올라간 그들은 거의 천국의 문까지 다가갔다. 바로 그때 노부인은 마지막으로 지상을 한 번 보기 위해 뒤돌아보다가 자기 뒤에 늘어선 기나긴 행렬을 발견했다.

　그녀는 분개했다! 그녀는 손을 거만하게 뿌리치면서 크게 소리쳤다.

“놔! 놔! 모두들! 이 당근은 내 꺼야!”

그녀는 거만하게 뿌리치다가 그만 순간적으로 당근을 놓아
버렸다. 결국 기나긴 행렬과 함께 추락하고 말았다.

탐욕은 청산가리보다 더 독하며, 그 뿌리는 대나무 뿌리보다 더 질기다.
청산가리는 육신만을 죽일 뿐이지만, 탐욕은 육신만이 아니라 영혼까지 파
괴한다.

예언자의 격언

• 세상

이 세상을 여행자처럼 대하라. 또는 그늘에 잠시 머물렀다 길을 떠나는 마부처럼 대하라.

• 목적

네 눈이 멀게 되고 네 귀가 먹게 되는 것은 목적에 집착하기 때문이다.

• 잠

잠은 죽음과 한 핏줄이다.

• 거울

독실한 믿음을 가진 자들은 서로의 거울이 된다.

• 여성

여성은 남성의 쌍둥이다.

• 아내

후덕한 아내야말로 남자들이 가질 수 있는 최상의 보물.

- **억압**

  억압이 있게 되면 둥지 속의 새마저 죽게 된다.

- **사랑**

  당신은 창조주를 사랑한다고 생각하는가? 우선 당신의 동료
  나 동지를 사랑하라.

- **분배**

  신은 수여자, 나는 배급업자일 뿐.

- **남을 돕는 일**

  상대가 어떤 종교를 갖고 있든 그가 고난 받고 있는 사람이라
  면 그를 도와주도록 명하노라.

- **경건**

  소위 '경건한' 사람들로 말미암아 허리가 꺾일 지경이다.

- **저주**

  너희는 내게 믿음이 없는 사람들을 저주하라고 청한다. 그러
  나 나는 저주하기 위해 온 것이 아니다.

- **가르침**

  밤새 기도하는 것보다 한 시간의 가르침이 더 낫다.

- **낮과 밤**

  밤은 길다; 잠을 잔다고 밤이 짧아지진 않는다. 낮은 공정하다; 마구잡이 행동을 한다고 해서 낮이 어두워지진 않는다.

- **겸손**

  겸손과 예의는 경건함의 한 부분이다.

- **부러움**

  부러움은 훌륭한 행동을 갈구한다. 불길이 땔감을 갈구하듯이.

- **유식함**

  유식한 사람을 숭배하는 사람들은 모두 '나'를 숭배한다.

- **죽음**

  죽음을 당하기에 앞서 죽어라.

• 혀

사람은 발로 미끄러지기보다는 혀로 말미암아 더 잘 넘어진
다.

• 욕망

세상에 욕심을 내지 말라. 그러면 신은 당신을 사랑하리라.
타인의 소유를 욕심내지 말라. 그러면 그들은 당신을 사랑하
리니.

• 실습

유식한 사람은 누구를 두고 하는 말일까? 알고 있는 바를 실
행하는 자들이다.

• 친절

친절을 갖추지 못한 사람치고 믿음이 있는 사람은 없다.

• 학자

왕 가운데 가장 훌륭한 왕은 현자를 찾아다니는 왕이다. 학
자 가운데 가장 형편없는 학자는 왕들을 찾아다니는 학자이
다.

• 분노

당신이 내게 한 가지 충고를 원한다면 이렇게 말하겠다.

"화내지 말라."

화를 참아낼 수 있는 사람이야말로 강한 사람이다.

• 투쟁

자신과 싸우는 사람이야말로 가장 성스러운 전사다.

• 명상

한 시간의 명상이 1년간의 예배보다 낫다.

• 깨달음

상대의 깨달음 정도에 맞춰 얘기하라.

• 음식

스스로 힘들여 얻은 음식보다 더 맛있는 음식은 없다.

• 비방

죄를 지은 형제를 비방하는 사람치고 죽기 전에 죄짓지 않는
사람은 없다.

• **천국**

당신이 당장 여섯 가지 일에서 벗어난다면 천국을 약속하겠다. 그 여섯 가지는 거짓말, 약속을 어기는 것, 믿음을 저버리는 것, 생각과 행동이 음란한 것, 그릇되고 불법적인 것을 취하는 것, 그리고 먼저 싸움을 거는 일 등이다.

• **시詩**

몇몇 시에는 지혜가 담겨 있다.

• **생각**

훌륭한 생각은 예배의 한가지다.

• **독실한 믿음**

독실한 믿음을 가진 사람은 신의 빛으로 본다.

• **인정**

서로 인정해주는 영혼은 화합을 이룬다. 그러나 그렇지 못한 영혼은 서로 으르렁거린다.

226

• **진실**

정의롭지 못한 사람에게 진실을 얘기하는 것이야말로 최고의 성전聖戰이다.

• **무아드의 회고**

내가 신의 사자로부터 받은 마지막 말은 이렇습니다.
"무아드, 사람을 잘 대접하라."

제3장

그림자를 쫓는 아이

일을 해결하는 또 다른 방법

한 왕이 있었는데 난폭한 독재자였다. 참다못한 백성들의 대표가 수피 스승을 찾아가 왕을 제거하는 데 협조해달라고 부탁했다.

"좋소." 수피 스승이 말했다. "하지만 난 특별히 새롭게 지시할 게 없소. 그냥 기존에 있던 것에서 좋은 방법을 취하겠소. 생명과 사고의 패턴을 이해하는 것이 수피들이 할 일이오."

수피 스승이 왕을 찾아가 말했다.

"위대한 왕이시여. 지금부터 두 시간 뒤에 왕의 옥좌에서 세 걸음 떨어진 곳에서 날 죽여주기를 강력히 탄원합니다."

그곳에 모여 있던 군중들은 서로 수군거렸다.

"오, 정말로 위대한 수피 스승이로다! 의심할 바 없이 그는 순교자가 되려는 것이오. 왕이 그를 죽이면, 분노한 군중들이 들고 일어나 저 괴물 같은 왕을 몰아낼 테니까……."

그러나 왕은 수피 스승이 죽으려는 이유를 분명히 알지 못했기 때문에 부쩍 의심이 들었다. 왕이 명령했다.

"이 작자를 지하 감옥에 가두고 죽고자 하는 이유를 실토할 때까지 고문하도록 하라."

한 시간 반 뒤에 고문관이 수피 스승을 데리고 왕 앞에 나타나서 보고했다.

"이 사람이 말한 지정된 시간과 장소에서 죽는 사람은 누구든지 이 시대 최고의 지존이 될 거라는 예언이 있었다고 합니다."
　왕이 즉시 한걸음 나오면서 명령했다.
　"즉시, 이곳에서 날 죽여라."
　물론 어느 누구도 왕의 명령을 감히 거역하는 자는 없었다.

사실은 사람이 자기 욕심에 끌려서 유혹을 당하고 함정에 빠지는 것이다.
욕심이 잉태되면 죄를 낳고, 죄가 자라면 죽음을 가져온다.(신약, 야고보서)

낙타의 머리

도둑이 어느 날 쓰레기더미에서 낙타 머리를 발견했다. 그는 낙타 머리를 집으로 가져가서 비단으로 감싼 뒤 시장으로 팔러 나갔다.

비단 상인들이 도둑이 갖고 있는 부피가 큰 꾸러미를 발견했다. 그들은 서로 가격을 제시했지만 꾸러미의 부피에 비하면 아주 낮은 가격이었다.

"좋소."

마침내 도둑이 교활한 상인 중 한 사람에게 말했다.

"그 값에 팔겠소. 난 그 값으로도 충분하오."

'이 친군 바본가 보군.'

상인은 이렇게 생각하면서 큰소리로 물었다.

"이 비단 꾸러미 안에는 뭐가 들었소?"

도둑이 대답했다.

"낙타 머리요."

상인은 생각했다.

'이 친구가 화가 났나보군. 빨리 돈을 지불해야지. 괜히 다른 사람에게 저 두툼한 꾸러미를 팔면 곤란하니까.'

그래서 그 상인은 도둑에게 돈을 지불했다.

며칠 뒤 상인은 길에서 도둑을 보았다. 그리고 도둑을 약식 재판소로 데려가 고소했다. 재판을 받는 과정에서 상인이 물었다.

"꾸러미 안에 뭐가 들었느냐는 질문을 받았을 때, 당신은 왜 별것 아니라고 대답했습니까?"

"당신은 내가 별것 아니라고 말한 것으로 들었을지 모르지만, 실제로 나는 '낙타 머리'라고 대답했소. 내 생각엔 당신이 내 말을 귀로 듣지 않고 탐욕을 통해 들은 것 같소."

재판은 기각되었다.

욕심에 눈이 멀면 어떤 사물을 보아도 있는 그대로 보이지 않고, 어떤 말을 들어도 제대로 들리지 않는다.

황제

어느 날 황제가 조주 선사를 찾아 왔다. 그때 조주 선사는 선방에서 참선 중이었다.

"황제를 들게 해서 참례하라고 말씀드려라."

조주는 무서워 떨고 있는 시자侍者에게 말했다. 황제는 들어와서 참례했다. 나중에 황제는 조주의 거친 행동에 대해 물었는데, 조주는 이렇게 말했다.

"아마도 황제께선 이해하지 못할 것입니다. 낮은 계층의 사람이 방문하면 난 그를 맞으러 절 문 앞까지 나갑니다. 중간 계층의 사람이 오면 자리에서 일어나지요. 허나 대황제에겐 그렇게 대할 수 없습니다."

황제는 조주의 그런 대우를 기뻐했다.

우리 속담에 "벌거벗은 손님이 더 어렵다"는 말이 있다. 가난한 사람을 대접하기가 더 어려우니 조심하라는 뜻이다.

당나귀

위대한 정치가이자 권력가인 네파지가 어느 날 물라 나스루
딘을 법정으로 끌고 갔다. 네파지가 법정에서 말했다.
"이 사람은 공공연히 날 당나귀라고 모욕했습니다."
판사가 나스루딘에게 말했다.
"당신이 잘못한 것이오. 그에 따른 처벌을 받아야겠소."
나스루딘이 판사에게 말했다.
"전 그 사람을 당나귀라고 부르는 것이 위법인지 몰랐습니
다. 다시는 그러지 않을 테니, 한 번만 용서해주십시오."
판사와 네파지가 용서해주자, 나스루딘이 판사에게 물었다.
"판사님, 당나귀를 네파지라고 부르면 어찌됩니까?"
판사가 웃으면서 대답했다.
"그건 상관없소. 그 당나귀가 당신을 고소하지 않는 한 말이
요. 당신이 그렇게 하고 싶다면, 당신은 어떤 당나귀를 보고도
네파지라 부를 수 있소이다. 우린 당나귀에게까지 법을 적용
하지는 않기 때문이요."
이 말을 들은 나스루딘은 네파지를 향해 물었다.
"당신 생각은 어떻습니까?"

사람 마음의 속성은 은밀한 욕망을 따라 이렇듯 교활하게 움직인다.

징조

왕은 아주 기분이 나빴다. 그래서 궁전을 벗어나 사냥을 나갔다. 그런데 길에서 나스루딘을 보았다.

"사냥 길에 나스루딘을 보다니 악운이구만." 왕은 호위병에게 소리쳤다. "나스루딘이 날 보지 못하도록 해. 채찍질을 해서 길 밖으로 쫓아내라!"

호위병들은 왕의 명령에 따랐다.

왕은 종일 사냥을 했으며 사냥은 성공적으로 끝났다.

왕은 사람을 보내 나스루딘을 불렀다.

"미안하네, 나스루딘. 난 자네가 나쁜 징조라고 생각했네. 하지만 아닐세, 그런 징조는 없었어."

나스루딘이 말했다.

"'당신'은 '날' 나쁜 징조로 생각했습니다. 그런데도 '당신'은 '나'를 보고 나서 사냥감을 하나 가득 잡았죠. 하지만 '나'는 '당신'을 보고 나서 채찍질로 얻어맞았습니다. 도대체 누가 누구에게 나쁜 징조입니까?"

점이나 사주팔자를 보기 좋아하고, 좋은 집터나 묘지 터를 잡는 데 눈이 먼 사람들은 진실을 있는 그대로 보지 못한다.

배부른 토끼

어느 심리학자가 일곱 살 난 두 아이를 데리고 심리실험을 했다.

톰은 가난한 집 아이로서 여섯 형제가 있었다. 앤디는 부유한 의사의 외아들이었다.

심리학자는 두 아이에게 그림을 하나 보여주었다. 새끼 토끼 한 마리가 식탁 옆에 앉아서 울고 있었고 엄마 토끼는 굳은 얼굴로 곁에 서 있는 그림이었다. 심리학자는 아이들에게 그림의 의미를 설명해보라고 했다.

톰이 즉시 말했다.

"아기가 울고 있는 것은 배부르게 먹지 못했기 때문이에요. 더 먹고 싶은데 집에는 먹을 것이 없었죠. 그래서 엄마 토끼가 마음이 매우 아픈 거예요."

"그런 게 아니에요" 앤디가 말했다. "더 이상 먹고 싶지 않은데, 엄마가 억지로 먹지 않으면 안 된다고 하기 때문에 우는 거예요."

자기 입장에서 바라보는 것이 인간의 속성이다. 그래서 입장을 바꾸어 생각하라는 역지사지易地思之란 말도 나온 것이다.

잘못을 인정한 죄수

감옥의 감방에는 무거운 죄를 지은 죄수들이 여러 명 감금되어 있었다.

어느 날 그들은 컬러 잡지를 뒤적이며 이야기를 나누고 있었는데, 그중 한 죄수가 잡지의 보석 그림을 가리키며 탄식했다.

"나의 어머니가 이 장신구들을 하시면 분명히 기뻐하실 텐데."

다른 한 명이 집 그림을 가리키며 말했다.

"나의 어머니가 이렇게 예쁜 집을 갖게 되시면 얼마나 좋아하실까."

또 다른 죄수가 말했다.

"내 어머니에게 이런 차 한 대만 있어도 자주 나를 보러 오실 수 있을 텐데."

잡지는 마지막 죄수의 손에 넘겨졌다. 그는 잡지를 들고 한참 동안 말이 없더니, 눈물을 흘리며 말했다.

"내 어머니에게 좋은 아들이 있었다면 좋았을 텐데."

그 말을 들은 사람들은 모두 아무런 말이 없었다.

어머니는 자기 아이가 없는 공허감을 그 무엇으로도 메울 수 없다. (아스투리아스)

자식 사랑

두 여자 친구가 몇 년 후에 만났다.

"네 아들은 어떻게 지내니?" 한 여자가 물었다.

"내 아들? 너무너무 불쌍해!" 다른 여인이 한숨을 쉬었다. "너무나 불행한 결혼을 했지, 뭐니. 며느리란 게 집에서 전혀 일을 하지 않아. 요리도 하지 않고, 바느질도 하지 않고, 빨래나 청소도 하지 않는 거야. 하는 일이라곤 잠자거나 빈둥거리거나 침대에서 책이나 읽는 게 고작이야. 심지어 아침식사를 침대에까지 날라줘야 한다니, 믿을 수 있겠니?"

"저런 안됐구나! 그런데 네 딸은 어떻게 지내니?"

"아, 그 앤 정말 복이 많은 애야! 천사와 결혼했지, 뭐니. 남편은 그 애가 집에서 일을 하도록 내버려두지 않아. 남편이 요리도 하고, 바느질도 하고, 빨래도 하고, 청소도 한단다. 게다가 매일 아침마다 아침식사를 침대로 갖다 바치지. 믿을 수 있겠니? 그 애가 하는 일이라곤 마음껏 잠자고, 하루 종일 빈둥거리면서 침대에서 책을 읽는 거야."

자기 자식 귀한 줄 알면 남의 자식 귀한 줄도 알아야 한다는 말이 있다. 이 말은 역설적으로 자기 자식에 대한 편협한 사랑이 많음을 보여준다.

벌의 순교

꿀벌들은 늘 말벌들에게 꿀을 빼앗겼다. 말벌들은 꿀을 만들 줄 몰랐기 때문이다. 힘들여 모은 꿀을 말벌에게 빼앗기는 것이 억울했지만 어쩔 도리가 없었다.

그러던 어느 날 용기 있는 꿀벌이 나타나서 말벌에게 꿀 만드는 방법을 가르쳐주자고 제안했다. 그러나 다른 꿀벌들은 모두 그를 말렸다. 그것은 너무 위험한 일이어서 죽음까지도 각오해야 했기 때문이다.

그러나 용감한 꿀벌은 결코 포기하지 않았다. 어떻게 해서든 말벌에게 꿀 만드는 기술을 가르쳐주고 싶었다. 궁리 끝에 용감한 꿀벌은 말벌로 가장해 말벌 행세를 하기로 했다.

꿀 만드는 방법을 알아낸 과학자 말벌이라고 자기를 소개한 가짜 말벌은 모든 말벌들을 모아놓고 꿀 만드는 방법을 가르치기 시작했다. 말벌들이 모여들어 그의 가르침을 경청했다. 가짜 말벌은 신이 나서 꿀 만드는 방법을 가르치다 그만 자신의 가면이 벗겨지는 것도 몰랐다.

한창 귀 기울여 듣고 있던 말벌들은 과학자로 가장한 꿀벌이라는 것을 알고는 모두 우르르 달려들었다. 용감한 꿀벌은 그 자리에서 죽고 말았다. 꿀 만드는 기술 교육도 중단되었다.

적에게 어찌 생존 기술을 배우리오! 설사 그것이 진리라 해도 말이다.

함께 산다는 것

아내와 열띤 말다툼 끝에 남편이 말했다.

"우린 왜 저 두 마리의 개처럼 평화롭게 살 수 없는 거지? 저 개들은 전혀 싸우지 않잖아."

"물론이에요." 아내가 고개를 끄덕였다. "하지만 둘을 묶어놓아 봐요. 무슨 일이 벌어지는지⋯⋯."

결혼하는 것이 좋은가, 하지 않는 것이 좋은가? 그 어느 쪽이든 너희는 후회할 것이다.(소크라테스)

혁명

군중들이 거리에서 연설하는 사람 주위로 모여들었다.

"혁명에 참여합시다. 누구든 커다란 검은색 리무진을 탈 수 있을 겁니다. 혁명에 참여합시다, 누구나 부엌에서 전화를 걸 수 있을 겁니다. 혁명에 참여합시다, 누구나 원하는 만큼 넓은 땅을 소유할 수 있을 겁니다."

군중 속에서 어떤 사람이 이의를 제기했다.

"난 커다란 검은색 리무진도 타고 싶지 않고, 부엌에서 거는 전화도 필요 없고, 넓은 땅도 차지할 생각이 없소이다."

"혁명에 참여합시다." 그 남자가 말했다. "망할 놈의 당신 말대로 될 것입니다."

혁명이 독재의 무거운 짐을 해결한다는 것은 믿을 수 없다. 혁명은 독재의 무거운 짐을 짊어질 사람을 변경하는 데 불과하다.(버나드 쇼)

과학 발전의 결과

나방이 창문으로 비치는 등불을 보고 방 안으로 들어가려고 애쓰고 있었다.

늙은 거미가 그 모습을 보고 나방을 타일렀다.

"너희 나방들은 언제나 철이 들겠니? 위험한 것도 모르는구나. 지금 넌 저 유리창 때문에 방으로 못 들어가서 야단이지만, 사실은 유리창이 너희 나방들을 죽지 않도록 지켜주고 있다는 걸 알아야 해."

늙은 거미가 훈계조로 말하자, 나방이 어이가 없다는 듯이 큰 소리로 웃었다.

"거미 할아버지가 우릴 위해 그런 말을 하시다니 우습군요. 바로 거미들이 우릴 매일 잡아먹고 있잖아요. 그런 할아버지 말을 우리가 믿을 수 있겠어요?

게다가 할아버지는 구세대이고 우린 신세대랍니다. 할아버지 같은 세대는 모르시겠지만, 우린 저 방에서 빛나는 등불이 뜨거운 불이 아니라는 것도 이미 과학적으로 다 밝혀냈답니다. 지금은 달라요. 과학시대라고요."

어떻게든 방으로 들어가려고 애쓰는 나방을 아무도 말릴 수 없었다. 나방은 마침내 방 안으로 들어갔다. 등불은 나방이 말한 것처럼 차가운 빛이었다. 나방은 한참 동안 등불 주위를 돌면서 환상적인 춤을 추었다. 나방은 너무너무 황홀했고 너무

너무 행복했다.

　그런데 얼마간의 시간이 지나자, 나방은 그 자리에서 떨어져 죽었다. 등불 주위에 살충제가 뿌려져 있었던 것이다.

평화를 위하여

한때 사람들이 위장의 숫자가 각각 달랐던 적이 있었다. 하나의 위장을 가진 종족에서부터 세 개의 위장을 가진 종족까지 세 종류가 있었는데, 겉으로 볼 때는 전혀 차이가 없었다. 그들은 서로 다른 지역에 살면서 각 종족에 맞는 음식과 생활 환경을 발전시켜 나갔다. 그리고 한편으로는 끊임없이 서로 다투었다.

그러던 어느 날 그들은 위장의 숫자에 따라 사람을 구분하는 것은 비생산적이고 불합리하다고 주장하기 시작했다. 위장의 숫자에 따라 사람을 구분하지 않으면 다툴 일도 없어질 거라고 믿게 되었다.

그래서 세 종족은 위장의 숫자에 대해 절대로 언급하지 않는다는 원칙을 세우고 통합해서 살기로 했다. 공적이든 사적이든 위장에 대해 언급하는 것은 법으로 금지되었다. 마침내 세상에는 평화가 왔다. 체질상의 차별을 두지 않았기 때문에 문화도 통합되었다.

그런데 문제가 발생했다. 인구가 증가하면서 식량의 질이 점점 떨어졌던 것이다. 위장이 셋인 종족은 음식의 질에 상관없이 잘 소화시키고 수적으로도 왕성하게 번성했다.

그러나 위장이 하나인 종족은 질 나쁜 음식을 소화시키지 못하고 쇠퇴하기 시작했다. 위장이 둘 있는 종족도 얼마 견디지 못하고 쇠퇴했다. 이런 문제가 있는 줄 알면서도 위장에 대해 논하지 않는다는 약속 때문에 아무도 그 문제를 거론할 수 없었다.

결국 위장이 셋 있는 종족만이 살아남게 되었다.

진정한 평화는 강자와 약자가 서로 조화롭게 융화하면서 살아가는 평등이지, 결코 약자를 도태시키면서 얻는 것이 아니다. 바다에서는 고래와 새우가 함께 산다.

거지와 노동자들

　유명한 수피 스승 밑에는 주로 거지와 목동, 기술자들이 모여서 배우고 있었다. 이를 의아하게 여긴 사람이 그에게 물었다.

　"어째서 선생님의 제자는 모두 하층민이고 지식인은 한 명도 없습니까? 만약 지식인들이 선생님 주변에 모여 있다면 훨씬 더 많은 존경을 받을 텐데요."

　수피 스승이 대답했다.

　"영향력 있고 지식 많은 사람들이 내 가르침을 칭송하는 날엔 종말의 날이 더 가까워질 걸세. 왜냐하면 그들은 내 가르침조차 자신의 이익을 위해 사용하지 그 자체를 배우려 하지 않기 때문이네."

　세상에 종말이 온다면 그건 지식인들이 초래한 것이지 결코 서민들이 불러들인 것은 아니리라.

빈 동냥 그릇

방랑 수행승이 길에서 왕의 행차를 만났다. 그는 왕의 행차를 가로막고서 시주를 요구했다. 그 모습을 본 왕이 앞으로 나서면서 쳤다.

"너같이 비천한 놈이 어찌 감히 왕의 행차를 가로막느냐? 썩 비키지 못할까?"

"존엄한 왕이라 하시면서 어찌 이 비천한 자의 탁발 그릇 하나를 채우시지 못합니까?"

수행승의 당돌한 대꾸에 왕은 처벌 대신 동냥을 주기로 결심하고, 그의 탁발 그릇을 금으로 가득 채워주라고 시종에게 명했다.

그런데 시종이 탁발 그릇에 금화를 가득 넣어주자마자 갑자기 금화들이 사라져버렸다. 당황한 시종이 다시 금화로 그릇을 채웠지만, 이번에도 금화는 사라졌다. 이렇게 여러 번 거듭했으나 그때마다 마찬가지였다. 늘 빈 그릇으로 남는 것이었다.

이 광경을 지켜보던 왕이 참다못해 그만두라고 명했다.

"그만두어라. 저 못된 놈이 나라의 금고를 다 털어가려고 속임수를 쓰고 있구나."

"왕께서는 제가 나라의 금고를 터는 것으로 보이겠지만, 다른 사람들은 내가 진리를 보여주고 있다고 생각합니다."

"진리라니?"

"이 그릇은 인간의 탐욕을 나타내고 있습니다. 그리고 금화는 우리에게 주어진 물질입니다. 탐욕은 끝이 없는 법입니다. 그래서 보시다시피 이 그릇은 아무리 금화를 들이부어도 여전히 빈 그릇입니다. 왕께서 이 그릇에 발을 들여놓으면 왕도 사라져버릴 것입니다. 그렇게 되면 누가 왕을 신뢰하겠습니까?"

탐욕은 바닥없는 함정과 같아서 한 번 빠져들면 끝없이 시달린다. 《법구경》에서는 이렇게 말했다. "지붕을 성기게 이으면 비가 새는 것처럼, 마음의 행실을 조심하지 않으면 탐욕이 이를 뚫는다."

잠긴 방의 비밀

아야즈는 비천한 출신이었지만 마침내 국왕의 총애를 받는 실력자가 되었다. 처음 궁궐에 왔을 때 그는 얻어먹는 노예 신분이었다. 그러나 그의 총명함과 근면함이 눈에 띄어서 출세의 길을 걷게 되었고, 마침내 왕의 고문 자리에까지 올랐다.

궁궐 사람들은 아야즈의 지위가 올라갈수록 시기하고 질투하기 시작했다. 어떻게든 그를 헐뜯어서 그의 출세를 방해하려고 했다. 어느날 그들은 왕에게 아야즈의 잘못을 이야기하였다.

"마른하늘의 날벼락이라더니, 이게 무슨 일입니까? 왕께서도 아시다시피 저희들은 아야즈를 사랑하고 늘 도와주고 있습니다. 그런데 그는 우리 눈을 속이고 왕의 눈을 속이고 있습니다.

다름이 아니라 그는 자기 사무실 안에 비밀의 방을 마련해놓고 아무도 그곳에 들어가지 못하도록 하고 있습니다. 그러면서도 자신은 매일 그 방으로 들어가 몇 시간씩 머물러 있곤 하죠. 분명 무슨 못된 짓을 꾸미고 있는 것 같습니다. 행여나 왕께서 잘못 되실까 봐 걱정이 되어서 말씀드리는 겁니다."

하지만 왕은 워낙 아야즈에 대한 신임이 깊어서 그런 말을 들어도 꿈쩍도 하지 않았다. 그러나 신하들이 거듭거듭 얘기했기 때문에 왕도 마냥 덮어둘 수만은 없었다. 게다가 왕 자신도 아야즈가 정말 그런 방을 마련해두었는지 궁금했고, 만약 사실이라면 무슨 이유인지 알고 싶었다.

어느 날 왕은 신하들을 거느리고 갑자기 아야즈의 사무실로 찾아갔다. 마침 아야즈가 비밀의 방에서 나오다가 왕과 마주쳤다. 왕은 비밀의 방이 진짜 있는 걸 확인하고 깜짝 놀라면서 들어가 보자고 했다. 그러나 아야즈는 한사코 거부하는 것이었다. 마침내 왕이 명령했다.

"만약 내게 저 방을 보여주지 않는다면, 난 더 이상 널 신뢰할 수 없다. 그러니 당장 문을 열고 방 안에 무엇이 있는지 공개하도록 하라."

왕의 명령에 더 이상 버틸 수 없게 된 아야즈는 눈물을 흘리면서 비밀의 방을 열었다.

호기심과 기대를 갖고 방 안에 들어선 왕과 신하들은 눈을 의심했다. 방은 가구 하나 보이지 않는 빈방이었던 것이다. 단하나 눈에 띄는 것은 한쪽 벽에 옷걸이용 못이 박혀 있고, 그 위에 누덕누덕 기운 낡은 옷 한 벌과 동냥 그릇이 걸려 있었다.

왕과 신하들은 이 광경을 보고 어안이 벙벙했다. 왕은 아야즈에게 방에 대해 설명하라고 명령했다. 아야즈는 모든 것이 드러난 이상 더는 감출 수 없다고 느낀 탓인지 곧 입을 열어 왕에게 설명했다.

"왕이시여, 전 오랜 세월 당신의 노예였고 또 고문이었습니다. 비록 고문의 자리까지 올라왔지만, 전 제 출신을 잊지 않으려고 항상 노력했죠. 그래서 이 방에 매일 들어와 제 자신을 돌이켜보곤 했습니다. 제게 속한 모든 것은 왕의 것이지요. 그리고 제게 속했던 것이라곤 저 낡은 옷 한 벌과 동냥 그릇이 전부였습니다."

누구든지 자기를 높이는 사람은 낮아지고 자기를 낮추는 사람은 높아진다.(마태복음)

가족

　한 가족이 모여서 저녁식사를 하고 있었다. 가장 나이든 소년이 길 건너에 사는 소녀와 결혼하겠다고 말했다.

　"하지만 그녀의 가족은 그녀에게 단돈 한 푼도 물려주지 않았어." 아버지가 반대했다.

　"게다가 그녀는 한 푼도 저축하지 않았단다." 어머니가 덧붙였다.

　"그녀는 축구에 대해선 아무것도 몰라." 남동생이 말했다.

　"난 그렇게 우스꽝스런 머리 모양을 한 여자애는 본 적이 없어." 여동생이 말했다.

　"그녀가 하는 일이라곤 소설을 읽는 것뿐이야." 아저씨가 말했다.

　"옷매무새는 어떻고. 전혀 감각이 없잖아." 숙모가 말했다.

　"그러면서도 분이나 화장품을 아끼지도 않는단다." 할머니가 말했다.

　"맞아요." 소년이 말했다. "하지만 그녀에겐 우리에게 없는 크나큰 장점이 있어요."

　"그게 뭔데?" 모든 사람이 알고 싶어했다.

　"그녀에겐 가족이 없어요!"

집안 식구가 바로 자기 원수다. (마태복음)

어느 수행자의 소원

하늘의 천사가 인간이 원하는 것은 무엇이나 들어주고 있었다. 한 수행자에게 다가온 천사는 그에게 무엇을 원하느냐고 물었다. 수행자는 아무것도 원하지 않는다고 대답했다. 그리고 계속 진리란 무엇인가에 대한 깊은 명상에 잠겼다.

수행자를 떠나 다른 사람에게 간 천사는 똑같은 질문을 하면서 원하는 것을 들어주었다.

왕이 되고 싶은 사람이 말했다. "난 왕관이 갖고 싶습니다."

농부가 말했다. "전 일거리를 찾고 있습니다."

무사가 말했다. "전 승리를 원합니다."

모든 사람들의 소원을 한 가지씩 들어주던 천사가 다시 수행자에게 물었다.

"지금이라도 늦지 않았으니 원하는 것이 있거든 말하게. 당신은 진리를 얻고자 애쓰고 있으니 특별히 이 거울 속을 한번 보도록 하겠네. 자, 한번 보게나. 다른 사람들이 소원을 성취한 모습을 볼 수 있을 걸세."

수행자가 거울을 들여다보자 왕, 무사, 농부들이 즐겁게 사는 모습이 보였다. 수행자는 거울을 내려놓으면서 천사에게 물었다.

"학식 있는 사람들의 장래는 어떻게 되나요?"

천사의 지시대로 다시 거울을 보자, 거기엔 각종 학식 있는 사람들의 모습이 나타났다. 종교인, 학자, 전문인 등등…….

그런데 그 학식 있는 자들이 각자 자기 의견에 따라 사람들을 진리와는 상관없는 곳으로 인도하는 것이 보였다. 진리를 가르치기보다는 각자 개인 의견을 주입시키고 있었다.

수행자는 충격을 받고 외쳤다.

"진리를 가르치는 것이 불가능한단 말입니까? 왜 모두 저 모양이죠?"

"기존의 것은 바꾸기 어렵네. 사람들은 사실을 지식이나 의견으로 받아들이고 바꿀 생각이 없으니까."

"사람들이 정말 진리를 알고자 하지 않는다는 말씀입니까? 진리는 의견과는 다르지 않습니까?"

"물론이지. 사실이 인식의 근본이라고 믿게 되면 여러 가지 불편한 일이 생기지. 때론 자신의 인식체계와 맞지 않는 일이 생기기 때문이야."

"그렇다면 어찌해야 좋을까요?"

"사실이 서로 어긋날 때 사람들은 신경질을 내지. 그 결과 사실에 바탕을 둔 참 지식보다는 전체를 조망하는 견해를 원하게 되네."

"그런 것을 고칠 수 있는 어떤 특별한 방법이 없나요?"

"관찰자 자신에게 달려 있네. 만약 관찰자가 서로 어긋나는 사실들도 사실로서 인정해 받아들인다면 가능하지."

수행자는 천사에게 진리를 찾는 방법을 배운 것에 만족해 아무것도 바라지 않았다.

이심전심以心傳心이라고 하듯이, 진리는 가슴에서 가슴으로 전달되는 것이다. 반면에 가르침은 머리에서 머리로 가르치는 것을 의미할 뿐이다.

한 잔의 차

한 사람이 친구와 함께 식당에서 차를 마시고 있었다. 그는 자기 찻잔을 유심히 바라보고 나서는 체념한 듯이 한숨을 쉬며 말했다.

"아! 여보게, 인생은 한 잔의 차와 같은 걸세."

친구도 잠시 동안 자기 찻잔을 유심히 응시했다. 얼마 뒤 그가 물었다.

"왜지? 왜 인생은 한 잔의 차와 같은 거야?"

남자가 대답했다.

"내가 그걸 어떻게 아나? 내가 무슨 지식인이라도 되는가?"

사람들은 어떤 일에 대해 원인을 따지거나 설명을 붙이길 좋아한다. 하지만 왜 꼭 이유가 있어야 하고 설명을 붙여야 하는 걸까? 비트겐슈타인은 말하기를 "신비는 세상이 어떻게 이루어졌는가가 아니라 그것이 존재한다는 것"이라고 했다.

개의 제자

어떤 사람이 수피를 찾아갔다.

"저는 선생님의 제자가 되고 싶어 찾아왔습니다."

수피가 대답했다.

"그대는 개의 추종자가 될 수 있는가?"

"아니요."

"그렇다면 우리와 함께 공부할 수 없다네. 나 자신도 실은 개의 추종자에 불과하기 때문일세."

"아니, 그게 무슨 뜻입니까?"

"개들은 서로 친하게 지낸다네."

"그러나 선생님께서는 훌륭한 교육시설과 교육과정을 갖추고 있지 않습니까?"

"그대는 그대가 원하는 걸 말하고 있네. 하지만 공부는 그렇게 원하는 걸 하는 것이 아닐세. 내가 싫어하는 것을 고치는 게 공부라네. 만약 우리가 갖춘 시설이나 외형적인 모습만을 보고 공부하겠다는 결심을 했다면 처음부터 잘못된 것일세. 개의 제자가 될 수 있어야 하네."

수피의 말에 젊은이는 이해할 수 없다는 듯 머리만 긁적였다.

유일하고 참된 교육자는 스스로를 교육한 사람이다. (베네트)

이론과 실제

세 살 난 아들이 갓 태어난 아기를 질투하자, 부모는 도무지 어찌할 바를 몰랐다. 그러다가 아동심리학 책에서 아동에 대한 지식을 얻었다.

어느 날 세 살 난 아이는 아주 기분이 나쁜 상태였다. 어머니가 말했다.

"애야, 이 곰 인형을 갖고서 아기에 대한 느낌을 내게 보여주렴."

아동심리학 책의 이론에 따르면, 아이는 곰 인형을 차고 때리고 쥐어뜯을 것이다. 하지만 세 살 난 아들은 곰 인형을 잡자 아주 기쁜 표정으로 아기에게 가서는 곰 인형으로 아기의 머리를 때리는 것이었다.

이론이 실제와 맞지 않으면 그저 한 무더기 쓸데없는 말에 지나지 않는다.

분별

철학박사 학위를 밟고 있는 남자가 있었다. 어느 날 그의 아내는 철학을 탐구하는 일이 상당히 심각한 일이란 걸 알았다. 바로 그녀가 남편에게 이렇게 말했을 때였다.

"왜 당신은 날 '이토록' 사랑하죠?"

남편은 총알처럼 재빨리 대답했다.

"당신이 '이토록'이라고 했을 때, 그건 사랑의 강도를 말하는 것이요, 깊이를 말하는 것이요, 빈도를 말하는 것이요, 특성을 말하는 것이요, 아니면 지속 시간을 말하는 것이요?"

코스모스 꽃잎을 하나하나 떼어내서 분석한들 그것이 코스모스는 아니다. 마찬가지로 사랑을 아무리 분별하고 파헤친들 그것이 사랑은 아니다.

신을 어떻게 섬길 것인가?

발 셈의 제자들이 물었다. "스승님, 우리가 어떻게 신을 섬겨야 하는지 말해주세요."

발 셈이 대답했다. "내가 어떻게 알겠는가?"

하지만 이렇게 말한 뒤 그는 다음과 같은 애기를 들려줬다.

두 친구를 가진 왕이 있었다. 그러나 두 친구는 죄를 범해서 사형을 언도받았다. 왕은 그들을 무척 사랑했지만 백성들에게 나쁜 선례를 남길까 봐 감히 죄를 면해주지 못했다.

결국 왕은 이런 평결을 내렸다; 깊은 절벽 사이에 줄을 걸어놓은 뒤에 두 사람이 제각기 건너도록 하였다. 안전하게 건너가면 자유가 주어지고, 실패하면 떨어져 죽는 것이었다.

첫 번째 사람이 무사히 줄을 건넜다. 뒤에 남은 친구가 첫 번째로 절벽을 건넌 사람에게 소리쳤다.

"여보게, 어떻게 건넜는지 내게 말해주게나."

첫 번째 사람이 소리쳤다.

"내가 그걸 어떻게 아나? 난 그저 내 몸이 한쪽으로 기울면 반대쪽으로 몸을 기울였을 뿐이네."

신을 섬기려는가? 자기중심적인 에고의 의식이 끼어들 수 없을 정도로 온 마음을 다하라.

사물의 정체

어린 소년이 전기 기술자에게 말했다.
"전기란 정확히 뭐죠?"
전기 기술자가 대답했다.
"나도 실제론 모른단다, 애야. 하지만 전기를 이용해 네게 빛
을 줄 순 있지."

불이야!

한 취객이 도시의 거리를 방황하다가 그만 시궁창에 빠지고 말았다. 더러운 액체 속으로 점점 더 깊이 빠져들자, 그는 소리치기 시작했다.

"불이야! 불이야!"

몇몇 지나가는 행인이 이 소릴 듣고 달려와서 그를 구조했다. 그를 끌어낸 뒤, 사람들은 왜 불도 나지 않았는데 '불이야!'라고 소리쳤는지 물었다. 그러자 취객은 이런 전형적인 대답을 했다.

"내가 '제기랄!'이라고 했다면, 어느 누가 날 구하러 달려오겠소?"

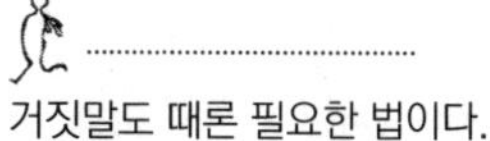

거짓말도 때론 필요한 법이다.

사랑

한 군인이 전쟁터에서 집으로 돌아왔다. 아버지의 임종이 가까웠기 때문이었다. 그가 죽어가는 아버지의 유일한 혈육이었기 때문에 부대에서는 예외적으로 그를 보내준 것이다.

그는 급한 걸음으로 병실로 들어갔다. 갑자기 그는 자기 앞에서 튜브를 꽂고 누워 있는 반무의식 상태의 이 노인이 아버지가 아니란 걸 알았다. 누군가 큰 실수를 해서 전혀 다른 사람에게 달려온 꼴이었다. 그가 의사에게 물었다.

"이 분은 얼마나 더 오래 살 수 있습니까?"

"몇 시간밖에 살지 못합니다."

군인은 죽어가는 노인의 아들을 생각했다. 그리고 죽기 전에 마지막으로 아들을 한 번 보려는 희망으로 생명을 이어가는 노인을 생각했다. 그는 노인의 손을 잡으면서 부드럽게 말했다.

"아버지, 저예요. 제가 돌아왔어요."

죽어가는 노인은 그에게 내민 손을 잡았다. 보이지 않는 노인의 눈은 주변을 두리번거리느라고 크게 떠졌다. 만족한 듯한 미소가 노인의 얼굴에 가득 퍼졌다. 이 미소는 한 시간 뒤 노인이 죽을 때까지 계속되었다.

사랑이란 영혼의 궁극적인 진리이다. (라빈드라나드 타고르)

보지 못하는 이유

한 궁중 관리가 위대한 스승을 찾아왔다. 서로 인사를 교환한 후, 관리가 물었다.

"전 위대한 스승과의 만남을 헛되이 보내고 싶지 않습니다. 매일매일의 일상 속에서 누리고 있으면서도 보지 못한다고 말들 하는데, 도대체 이게 무슨 뜻입니까?"

스승은 관리에게 케이크 한 조각을 건넸다. 그리고 다시 차 한 잔을 따랐다. 케이크를 먹고 차를 마시면서 관리는 스승이 자기 말을 듣지 못했다고 생각해 다시 질문을 되풀이했다.

"예, 그래요." 스승이 말했다. "지금 이 모습이 바로 그 의미죠. 우린 매일매일 이렇게 먹고 마시지만 그 사실을 보지는 못하죠."

진리는 언제 어디서나 드러나 있다. 다만 우리들의 눈이 멀었기 때문에 보지 못하고 귀가 먹었기 때문에 듣지 못할 뿐이다.

고든 장군

낙타를 탄 고든 장군의 동상은 카르툼 시의 명소 중 하나였다. 그런데 이 동상은 세 살 난 아이 때문에 더 유명해지게 되었다.

아이의 유모는 매일 아이를 데리고 산책을 하면서 "고든 장군을 보아라" 하고 말했다. 어느 날 아이의 가족이 카르툼을 떠나게 되었다. 유모는 아이를 데리고 가서 고든 장군에게 작별인사를 하라고 했다.

아이는 동상을 바라보면서 오랫동안 서 있다가 말했다.

"난 이제 오랫동안 널 보지 못할 거야. 안녕, 고든 장군."

그러고 나서 아이는 유모에게 돌아서서 물었다.

"유모, 그런데 저 고든 장군 등에 앉아 있는 사람은 누구지?"

나에게 익숙하다고 해서 남에게도 익숙한 것은 아니다. 특히 아이에겐 더욱 그렇다.

자각

커다란 종교적 박해가 땅 위에서 일어나자, 종교의 세 기둥인 경전, 예배, 자비가 신 앞에 나타났다. 그들은 종교가 이런 식으로 짓밟힌다면 자기들은 더 이상 존재하지 못할 거라고 신에게 호소했다.

"걱정하지 말게나." 신이 말했다. "난 자네들보다 위대한 일자[者]를 지상으로 보낼 계획이네."

"그 위대한 일자의 이름은 무엇입니까?"

"자각[self-knowledge]일세. 그는 자네들 중 어느 누가 한 것보다 훨씬 위대한 일을 할 걸세."

깨달음은 자각이다. 자각을 통해 우리는 자신의 본질을 알고 나아가 절대자를 깨닫는다.

오리 수프

한 시골 사람이 오리를 가지고 친척을 찾아왔다. 친척은 매우 감사하면서 오리를 요리해 그와 나눠먹었다.

그때 다른 손님이 찾아왔다. 그는 말하자면, '오리를 갖다 준 사람의 친구'였다. 친척은 그에게도 오리 요리를 주었다.

이런 일이 여러 번 일어났다. 친척의 집은 외부에서 온 손님들의 식당처럼 되고 말았다.

마침내 친척은 분노했다. 어느 날 문을 두드리는 소리가 나서 나가보니 낯선 사람이 있었다. 그가 말했다.

"전 시골에서 오리를 갖다 준 사람의 친구의 친구의 친구의 친구입니다."

"들어오시오." 친척이 말했다.

식탁에 자리를 잡고 앉자, 친척은 아내에게 수프를 갖고 오라고 했다.

손님이 그 수프를 맛보니, 단지 따뜻한 물일 뿐 오리 고기는 전혀 없었다. 그가 친척에게 물었다.

"수프가 맛이 왜 이렇죠?"

"그건 말이죠." 친척이 말했다. "오리 수프의 수프의 수프의 수프이기 때문이죠."

아무리 감동적인 장면도 반복해서 보다 보면 감동이 떨어지기 마련이다.

역설

한 남자가 개인교수를 두고 법을 공부했다. 그는 수업료가 없었기 때문에 소송에서 이기는 즉시 수업료를 지불하겠다고 약속했다. 그러나 남자가 변호사 노릇을 못하자, 마침내 그 개인교수는 남자를 법정에 세웠다.

남자는 개인교수가 소송을 제기한 이유를 듣고서 다음과 같이 말했다.

"재판관 님, 내 개인교수에게 돈을 지불할 필요가 없다고 주장하는 이 소송을 내가 이긴다면 그는 돈을 받지 못할 것입니다. 반대로 내가 이 재판에 진다 해도 그에게는 돈을 지급하지 못하겠죠. 나는 한 번도 재판에 이겨보지 못한 셈이 되니까 결국 그는 돈을 받지 못합니다."

"다른 무슨 결론이 있을까요?" 혼란에 빠진 판사가 물었다.

"소송을 기각하는 것입니다." 남자가 말했다.

인간은 끊임없는 모순과 갈등을 통해 자신을 발견해야 한다.

잃어버린 당나귀

한 남자가 마을길을 달리면서 소리쳤다.

"동네 양반들, 난 당나귀를 잃어버렸습니다. 만약 돌려주는 사람이 있다면, 그 보답으로 당나귀를 드리죠!"

동네 사람이 남자의 말을 듣고 의아한 듯 말했다.

"당신, 미친 거 아냐?"

"아니, 그렇지 않소. 당신은 잃어버린 물건을 되찾았을 때 갖게 되는 흐뭇함이 그것을 소유할 때 갖는 기쁨보다 훨씬 크다는 걸 모르나 보죠?"

아흔아홉 마리의 양을 소유한 기쁨보다 잃어버린 한 마리의 양을 되찾은 기쁨이 더 큰 법이다.

꿀벌과 속빈 나무

  옛날에 숲이 있었어. 씨앗에서 싹이 트고 그 싹이 자란 나무들로 이루어진 그런 숲 말이야. 그 나무들은 다른 생물들의 보금자리와 생활터전을 마련해주면서 예정된 시간까지 살았지. 나무들은 자신들의 임무를 완수한 다음에 죽었어. 숲은 생명을 잃었지만 수많은 벌들에겐 예외였어. 벌들은 공동생활을 영위할 집을 찾아다니고 있었지. 벌들은 죽은 나무의 속이 비어 있는 걸 발견하고선 그 속에다 터전을 마련했어.

  나무들은 여러 세대의 벌들이 충분히 살 수 있는 터전이 되었지. 그런데 정상적인 부패 과정이 일어나면서 나무들은 차츰차츰 썩어 부서지기 시작했어. 아직 단단한 나무 속에 있는 벌들은 불행한 동족들을 이렇게 비난했지.

  "쟤들 좀 봐. 얼마나 못됐으면 저렇게 되지? 이건 벌이야."

  그러자 다른 벌이 말했어.

  "저 친구들은 비참한 처지야. 도움의 손길이 필요하니 우리 거처로 데려오는 게 어때? 저런 일은 우리한테도 생길 수 있어."

  하지만 다른 벌들이 반대했어.

  "쟤들 벌집은 정말 쓸모없어. 저 벌집 좀 봐. 그냥 저렇게 무너졌잖아. 우리는 저런 전철을 밟지 않도록 준비를 해두자고."

  그러나 나무들은 조금씩 무너져 내렸지. 결국 시간의 차이는 있었지만 모든 벌들이 집 없는 신세가 되고 말았어.

벌들은 사태의 원인을 생각해보았지. 그들 가운데 자신들의 벌집이 일시적인 피난처로서만, 그리고 꿀을 제공하기 위해서만 만들어졌음을 깨달은 벌들은 그리 많지 않았어. 그들 가운데 나무가 무너져 내리기 전에 나무를 이용해서 작업을 서둘러야 했다는 사실을 깨달은 벌들도 그리 많지 않았어. 이런 재난은 벌들이 주변 환경을 공부하기 위해 시간을 들이지도 노력을 기울이지도 않았기 때문에 일어난 거야.

눈앞의 이익에 사로잡힌 사람은 자연환경을 파괴하지만, 멀리 내다보는 사람은 오히려 자연환경을 보호해서 자기 이익을 도모한다.

빌려준 돈

어떤 사람이 찻집에서 친구에게 걱정을 털어놓았다.

"어떤 사람에게 은전 한 냥을 빌려주었는데, 증인이 없어 걱정이네. 혹시 그 사람이 받지 않았다고 우기면 어쩌지?"

그 말을 들은 친구도 뾰족한 방법이 생각나지 않아 걱정만 하고 있었다. 그때 찻집에서 꾸부리고 앉아 있던 한 수피가 머리를 들며 말했다.

"그 사람을 이리로 데리고 와서 '꾼 돈 이십 냥을 당장 갚으라'고 하시오."

돈을 빌려준 사람이 말했다.

"제가 빌려준 돈은 이십 냥이 아니라 한 냥입니다."

그러자 수피가 다시 말했다.

"바로 그거요. 당신이 이십 냥을 빌려주었다고 하면, 그는 한 냥만 빌렸다고 할 것이오. 그러면 여기 있는 우리 모두가 증인이 될 수 있지 않겠소?"

인간의 속성을 이용한 처세의 기술이 가끔은 필요할 때가 있다.

눈을 보라

시골 마을을 점령한 군대 사령관이 마을 촌장에게 말했다.

"당신 마을에 틀림없이 반동분자 하나가 숨어 있소. 순순히 넘겨주지 않으면 마을 사람들이 곤욕을 치를 거요."

사실 마을에 어떤 남자가 숨어들었는데, 선량하고 순수해서 누구나 그를 좋아했다. 하지만 마을 전체가 위기에 처하게 되자, 마을 유지들이 며칠 동안 그 남자에 대한 토론을 벌였지만 결론을 내지 못했다.

마지막으로 촌장은 이 문제를 신부에게 의논했다. 신부와 촌장은 밤새도록 성경을 뒤져서 마침내 다음과 같은 한 대목을 찾아냈다.

"한 사람의 죽음으로 민족이 구제되는 것이 낫다."

결국 촌장은 죄 없는 남자를 점령군에게 넘겨줬다. 남자는 자기도 마을이 위태로워지는 것은 원치 않는다며 순순히 잡혀갔다. 고문을 받는 비명 소리가 온 마을에 들렸으며 결국 그는 사형을 당했다.

20년 뒤, 한 예언자가 마을에 들러 촌장에게 말했다.

"20년 전 당신이 무슨 죄를 저질렀는지 아시오? 하느님은 그를 보내 마을을 구원하도록 했소. 그런데도 당신은 그를 넘겨줘서 고문을 받고 처형되도록 했소."

촌장이 황급히 변명했다.

“저도 어쩔 수 없었습니다. 신부님과 난 성경을 찾아보았고 성경에 쓰여 있는 대로 행동했소이다.”
예언자가 말했다.
“그게 바로 잘못이오. 성경만 보고 있을 게 아니라 그분의 눈을 들여다보아야 했소.”

인간의 눈은 숨길 수 있어도 하느님의 눈은 숨길 수 없다.(톨스토이)

달걀

달걀 장사를 해서 먹고사는 달걀 전문가가 있었다. 어느 날 한 사람이 찾아와 말했다.

"내 손 안에 든 것이 무언지 맞춰보시오."

"힌트를 주구려."

"몇 가지만 얘기하죠. 모양은 달걀 모양이고, 크기도 달걀만 합니다. 달걀처럼 생겼고, 달걀 맛이 나며, 달걀 냄새가 납니다. 속에는 노란색과 흰색의 내용물이 들었는데, 삶기 전엔 액체이지만 삶으면 고체가 됩니다. 게다가 이건…… 암탉이 낳은 것이죠."

"아하, 알겠소이다. 일종의 양과자이구만!"

전문가는 눈에 보이는 빤한 것을 놓치는 경향이 있다.

외치는 이유

예언자가 마을의 주민을 회개시키러 왔다. 마을 사람들은 처음에는 설교를 들으러 너도나도 몰려왔지만, 점차 하나둘 떨어져 나가더니 마지막엔 한 사람도 듣는 사람이 없었다.

한 사람이 예언자에게 물었다.

"아니, 듣는 사람이 하나도 없는데 어째서 설교를 계속하시는 거죠?"

"처음엔 내가 사람들을 바꾸기 위해 설교했지만, 지금은 사람들이 날 바꾸지 못하도록 하기 위해 설교를 계속하는 거요."

위대한 설교는 사람들로 하여금 설교자를 칭송하게 만든다. 설교가 말에 불과하다면 어느 누가 똑같은 말의 반복을 들으려 하겠는가?

고양이

스승이 저녁 예배를 드릴 때 늘 고양이가 끼어들어서 예배드리는 사람들의 마음을 흐트러뜨렸다. 그래서 스승은 저녁 예배 동안은 고양이를 매어놓게 했다.

스승이 죽은 뒤에도 고양이는 저녁 예배 때면 늘 묶여 있었다. 마침내 그 고양이가 죽자, 이번에는 다른 고양이를 가져다 묶어놓았다. 저녁 예배 동안 격식에 맞도록 묶어놓은 것이다.

몇백 년이 흐른 뒤 스승의 후예들은 다음과 같은 유식한 논문을 썼다.

〈모든 본격적인 예배에서 고양이가 갖는 필수적인 역할에 관하여〉

격식과 의례는 처음엔 본질의 표현이지만 세월이 가면서 제약과 구속으로 변질한다.

새끼 오리

한 수피 성인이 자기의 어린 시절을 애기했다.

어렸을 적부터 나를 이해해주는 사람은 거의 없었지. 아버지
마저 내게 이런 말씀을 하실 정도였거든.
"넌 완전히 돌아버린 것 같지도 않고, 그렇다고 수도원에 넣
을 만큼 속세를 초탈한 것 같지도 않구나. 난 너를 어찌해야 좋
을지 도무지 알 수 없구나."
하지만 난 이렇게 대답했네.
"오리 알이 닭의 품에서 부화되었어요. 그래서 새끼 오리는
늘 어미닭과 함께 돌아다녔죠. 그러던 어느 날 우연히 못가에
이르자, 새끼 오리는 금방 물속으로 들어갔어요. 어미닭은 못
가에서 안절부절못하면서 꼬꼬댁거렸죠.
아버지, 전 바다 속으로 들어갔고 거기서 내 집을 발견했습
니다. 아버지가 바닷가에 서 계신다 해도 절 탓하실 수는 없어
요."

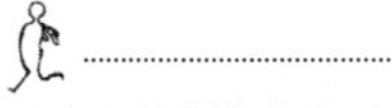

바다와 합일한 자가 진정한 각자覺者이다. 어제까지 그는 물방울이었지만
오늘 그는 바다다. 따라서 어제의 기억으로는 그를 알아보지 못한다. 설사
그를 품어서 기른 부모일지라도.

황금단지

황제의 이발사가 귀신 붙은 나무 밑을 지나가다가 이상한 소리를 들었다.

"황금 돈을 넣은 황금단지를 갖고 싶지 않나?"

이발사는 사방을 두리번거리다 아무도 보이지 않자 간절히 외쳤다.

"그럼요, 갖고 싶고말고요!"

"얼른 집으로 가보거라. 금단지가 있을 테니."

이발사는 단숨에 집으로 달려갔다. 집에는 황금 돈을 넣은 단지 일곱 개가 놓여 있었다. 그런데 그중 하나는 절반밖에 차지 않았다. 이발사는 나머지 반을 채우고 싶은 걷잡을 수 없는 충동을 느꼈다.

그래서 이발사는 자기 집의 모든 패물을 황금 돈으로 바꿔서 채워 넣었지만 반 단지이기는 마찬가지였다. 이발사는 온갖 저축을 다하고 허리띠를 졸라매서 황금 돈을 넣었지만 단지는 늘 절반 그대로였다. 급기야 이발사는 황제에게 급료를 올려 달래서 두 배로 올려 받았으며 나중에는 구걸까지도 했지만, 단지는 아무리 부어도 절반을 넘어서지 못했다.

어느 날 이발사의 궁상맞은 꼴을 본 황제가 물었다.

"무슨 일이냐? 급료가 적었을 때는 늘 행복한 모습이더니, 급료가 두 배인데도 오히려 궁상맞으니 말이다. 혹시 황금단지를 가진 것 아니냐?”

이발사는 깜짝 놀랐다.

“아니, 그걸 어떻게 아십니까?”

황제가 껄껄 웃으면서 말했다.

“네 꼴이 황금단지를 받은 자의 행색이로다. 나도 그걸 받은 적이 있었지만, 난 그 황금 돈을 그냥 쓰거나 아니면 그대로 저장할 수 있게 해달라고 청했다. 그러자 귀신은 두 말 없이 사라져버리더군. 그 황금 돈은 쓸 수 없는 돈이다. 오로지 축적하고픈 충동만 부채질하는 것이야. 지금 당장 귀신에게 단지를 돌려주도록 하라. 그러면 다시 행복해질 것이다.”

우리는 이미 가진 것에 대해서는 좀처럼 생각하지 않고 언제나 없는 것만 생각한다. (쇼펜하우어)

얼룩이

어린이 종교수업 시간에 목사가 어린이들에게 물었다.
"만약 착한 사람은 모두 하얗고 악한 사람은 모두 까맣다면,
여러분은 무슨 색이죠?"
한 어린이가 대답했다.
"저는 얼룩이일 거예요."

이 어린이가 얼룩이라면 어느 누군들 얼룩이가 아니겠는가?

큰 나무와 딱따구리

높게 쭉 뻗은 큰 나무는 자신의 몸매를 매우 맘에 들어 하고 자랑스러워했다.

어느 날, 나무 위에 앉아 있던 딱따구리 한 마리가 작은 벌레들이 나무줄기를 갉아먹는 소리를 들었다. 딱따구리는 긴 부리로 나무에 구멍을 뚫고 작은 벌레들을 먹어치울 준비를 했다.

그러나 이 큰 나무는 매우 화를 냈다. 자신의 아름다운 나무줄기에 구멍을 뚫어 망가뜨리는 것을 참을 수 없어서 딱따구리에게 욕을 하며 쫓아버렸다.

결국 작은 벌레들은 나무에서 자라나 훨씬 많은 작은 벌레들을 낳았고, 그들은 쉬지 않고 나무줄기를 갉아대며 결국 다 먹어 치워버렸다.

어느 날 강한 바람이 불어오자, 이 큰 나무는 허리가 잘려 부러지고 말았다.

고통스럽거나 보기 싫다고 해서 자신을 돕는 손길을 뿌리치지 않았는지 돌아보라.

즐거운 어릿광대

어떤 사람이 의사를 찾아가 말했다.

"나는 종종 잠을 못 이뤄요. 마음은 온갖 근심과 걱정으로 가득 차 있습니다."

세밀한 검사를 통해 의사는 이 사람에게는 전혀 문제가 없고 단지 감정이 침체되었을 뿐이란 사실을 알았다. 그래서 그에게 많이 쉴 것을 권하면서 서커스를 보러 가라고 했다.

"마을에 막 서커스단이 왔는데 공연이 꽤 볼만해요. 특히 그 어릿광대가 아주 재미있죠. 그가 당신에게 웃음을 주고 고민을 잊게 할 수 있을 겁니다."

환자는 유감스럽다는 듯이 말했다.

"소용없어요. 그는 나를 돕지 못합니다. 왜냐하면 내가 바로 그 어릿광대니까요."

삶 속에서 우리는 부조리와 마주친다. 방금 비극을 겪고도 무대에 올라야 하는 희극배우처럼……. 그러나 위대한 창조는 부조리에서 나오기도 한다.

고독한 참새

나뭇가지 위에 한 무리의 참새들이 앉아 있었는데, 유독 한 마리만이 무리와 떨어져 있었다. 무리의 대장이 떨어져 있는 한 마리에게 말했다.

"우리는 모두 바람을 맞으며 앉아 있는데 너만 우리랑 반대로 있어."

"난 단지 이렇게 하는 게 좋아, 내가 너희들을 방해했니?"

이렇게 그 참새가 굴복하지 않고 대답하자, 무리의 대장이 다시 한번 경고의 말을 했다.

"넌 단체정신을 깼어, 넌 단체생활에 어울리지 않아."

모든 참새들이 한 목소리로 비난했지만, 이 참새는 여전히 자신의 뜻대로 했다.

그들은 여전히 바람을 맞으며 앉아 있고, 이 참새는 계속해서 반대 방향으로 앉아 있었다.

이때 커다란 얼룩고양이 한 마리가 나무 뒤쪽에서 나타났다. 모두들 바람을 향해 있었기 때문에 얼룩고양이가 나타난 것을 알지 못했다. 얼룩고양이가 뛰어오르려고 할 때 다른 참새들과 반대방향으로 앉아 있던 참새가 때마침 고양이를 발견하고 큰소리로 외쳤다.

"고양이가 왔어! 빨리 도망가자!"

참새들은 이 소리를 듣고 즉시 날아올랐다. 개인행동을 하는

이 참새가 친구들의 목숨을 구했다. 대장 참새와 다른 참새들
은 더 이상 그를 비난하지 않았다.

인간에게는 자기와 다르다고 해서, 혹은 자기가 속한 집단과 어울리지 않
는다고 해서 타자를 배척하는 경향이 있다. 하지만 명심하라. 그 타자는 당
신의 부족함을 채워줄 수도 있다.

그림자를 쫓는 아이

한 아이가 자신의 그림자를 뛰어넘고 싶어서 열심히 달렸다. 그러나 아무리 앞으로 멀리 뛰어도, 빠르게 달려도 그림자는 항상 그의 앞에 있었다.

잠시 후, 한 어른이 그에게 아주 간단한 방법을 알려주었다.

"태양을 마주 보렴. 그림자가 네 등 뒤로 가잖니?"

"장미가 그랬듯이
빛을 향해 돌아설 것을
택하기만 한다면
나의 가슴은 신을 받아들일 수 있으리라."

사람들이 욕망을 쫓으며 살아가는 모습은 그림자를 쫓는 아이와 다를 바 없다. 하지만 초월의 깨달음은 단순히 고개를 돌려 태양을 마주보는 데 있다. "고통의 바다는 끝이 없지만 고개만 돌리면 바로 피안"이라고 하지 않던가!

창문이 더러웠다

게으르고 남 말하기 좋아하는 부인이 있었다. 하루는 이웃이 베란다에 흰 이불을 말리고 있는 것을 보았는데 얼룩이 많이 묻어 있었다. 그녀가 비꼬듯이 말했다.

"이 집 안주인은 빨래도 깨끗하게 하지 못하고 밥 먹는 것만 잘해."

그러나 그녀가 자기 집 창문을 열자 이웃의 이불은 희고 깨끗하게 빨려 있었다. 이때 비로소 그녀는 자기 집 창문이 더러웠다는 것을 알았다.

외부의 사물을 탓하지 말라. 일체는 당신 마음에 달려 있으니 마음의 창이 깨끗한지 먼저 살펴라.

부유한 노인

나이든 어떤 남자가 사람을 만날 때마다 자신이 가장 부유한 사람이라고 말했다. 이 말은 세무서의 주목을 끌었고, 사람을 보내 그를 조사하게 했다. 세무사가 물었다.

"당신은 얼마의 재산을 가지고 있나요?"

노인이 말했다.

"난 건강한 몸을 가지고 있지요."

"건강 외에 당신은 또 무슨 재산이 있습니까?"

"나는 또 현명한 아내가 있습니다."

세무사는 답답하다는 듯이 물었다.

"그것 외에는?"

"나는 효심 깊고 총명하고 건강한 딸들이 있습니다."

세무사가 불만스럽게 말했다.

"그것 외에 당신은 어떤 부동산이 있습니까? 은행에는 얼마나 저축해두었습니까?"

노인이 유쾌하게 대답했다.

"내가 방금 말한 재산 외에는 나는 아무것도 가지고 있지 않습니다."

<hr>

만족은 천연의 부富이다. (소크라테스)

목사의 충고

어느 부부의 결혼생활에 문제가 생겼다. 남편은 목사를 찾아와 곧 깨질 것 같은 결혼생활을 구제해달라고 도움을 청했다.

목사가 말했다.

"당신은 당신 부인이 하는 한 마디 한 마디를 듣는 연습을 하시오."

한 달이 지나 남편이 다시 목사에게 왔다. 그는 이미 부인이 말하는 것을 들을 수 있게 되었다.

목사가 말했다.

"좋아요. 이제 당신은 돌아가서 당신 부인이 말하지 않는 글자들을 듣는 연습을 하시오."

아내의 키가 작으면 남편 쪽에서 키를 줄여라. (탈무드)

도망친 노예

로마의 한 법관이 노예의 탈출 건을 심판하고 있었다. 그는 노예에게 왜 도망쳤는지 물었다.

"주인이 당신을 괴롭혔는가?"

"아닙니다."

"살기가 매우 힘들었는가?"

"아닙니다. 제가 사는 곳은 매우 좋았습니다."

"일이 매우 고됐는가?"

"역시 아닙니다. 주인은 저를 학대하지 않았어요."

"그럼 당신은 왜 도망치려 했는가?"

노예가 머리를 들어 대답했다.

"왜냐하면, 나는 자유롭고 싶었습니다."

"당신 사는 곳도 좋고, 먹는 것도 좋고, 일하는 환경도 훌륭한데, 도대체 그보다 더 좋은 곳이 있단 말인가?"

"법관 나리, 전 이미 도망쳐 나왔으니, 만약 마음이 있으시다면 제가 떠나온 빈자리를 당신에게 드리겠습니다."

건전한 정신을 가진 사람이라면 누구를 막론하고 노예보다는 자유를 선택하는 데 주저하지 않을 것이다.(A.해밀턴)

거짓말

한 어머니가 아이에게 사람은 진실해야 한다는 것을 가르치기 위해 아들에게 이렇게 말했다.

"꼬마야 절대로 거짓말을 해서는 안 된다! 거짓말을 하면 코가 길어진단다. 피노키오의 기다란 코처럼 말이야."

사실 엄마는 이렇게 아이에게 말했지만, 이 말도 사실은 또 다른 거짓말이 아닌가?

약간의 거짓말은 태산 같은 설명을 면하게 해준다.(C.E. 아이레스)

욕심 많은 거지

한 마음씨 착한 사람이 종종 자신이 살고 있는 곳 부근의 거지에게 물질적인 도움을 주었다. 그는 매주 거지에게 고정적으로 몇천 원을 주었다.

후에 그가 결혼을 하게 되자 거지에게 주던 돈은 몇백 원이 되었다.

또 시간이 흘러 아이가 생기자 그 거지에게 단지 몇십 원을 주었다. 그런데, 뜻밖에도 이 거지는 그 돈을 가지고 와서는 기분이 상한 듯 말했다.

"이 돈은 너무 적어요."

선량한 사람은 미안해하며 말했다.

"내가 결혼을 해서 아이가 생겼기 때문에 당신에게 주는 돈이 줄었어요."

거지는 화를 내며 말했다.

"누가 당신에게 내 돈으로 당신 가족을 먹여 살리라고 했나요?"

누구든지 자신의 물방아에 물을 끌어들인다. (영국 속담)

교활한 봉헌

　한 농부가 하느님께 기원했다. 만약 어떤 일이 잘 성사되면, 반드시 집의 소를 하느님께 바치겠다고 했다.

　그러나 이 기도가 효과가 있자 농부는 곧 후회했다. 그는 머리를 짜내어 교활한 방법을 생각해냈다.

　그는 소를 시장에 데리고 가서 이렇게 써 붙였다.

　"소를 단 이만 원에 팝니다. 그러나 반드시 옆의 닭도 함께 사야 하며 닭은 이백만 원에 팝니다."

　결국 그는 하느님께 단 이만 원만을 봉헌했다.

욕심은 결코 기도가 될 수 없다. 이기적인 욕망을 위해 신을 부르지 말라.

마왕의 모략

한 무리의 마귀들이 실적을 올리기 위해 명예, 이익, 정욕, 두려움, 죽음으로 덕망 높은 은사隱士를 시험했다. 그러나 모두 성공하지 못하고 돌아갔다.

이를 안 마왕이 솜씨를 보여줄 생각으로 마귀들에게 말했다.

"너희들은 너무 얕은 수를 쓰고 있다. 한쪽으로 물러나 내가 하는 것을 봐라!"

마왕은 은사 곁으로 다가가 낮은 목소리로 말했다.

"그대의 동문과 제자들은 이미 대주교가 되었소. 그대도 들었는가?"

순간 은사의 엄숙한 얼굴에 질투의 그림자가 드리워졌다. 마왕의 모략은 성공했다.

질투는 항상 남과의 비교에서 생기므로 비교가 없는 곳에는 질투도 없다.(프랜시스 베이컨)

고민이 없는 자

한 사람이 실의에 빠진 얼굴로 친구를 찾아가 말했다.

"난 종일토록 문제 속에 빠져서 살아. 네가 이 문제들만 해결해주면 바로 자선기관에 돈을 기부할게."

그의 친구가 대답했다.

"수천 명의 사람들이 있지만 한 사람도 고민이 없는 곳이 있네. 그곳에 가보고 싶나?"

"듣고 보니, 그곳이야말로 내가 가고 싶었던 곳이네."

친구는 그를 데리고 공동묘지로 가서 말했다.

"내가 아는 바에 의하면, 고민이 없는 사람들은 이미 죽은 사람들뿐이지."

이 세상에서 참된 사랑은 다만 고민과 함께하면서 고민을 통해서만 맛볼 수 있는 것이 아닌가. (도스토예프스키)

고슴도치의 거리

눈발이 날리던 겨울, 숲 속에서 열 몇 마리의 고슴도치가 추위에 떨고 있었다. 온기를 얻고자 서로 가까이 다가갔지만, 오히려 긴 가시에 찔려서 다시 떨어졌다.

하지만 날씨가 너무 추워서 서로 다시 다가갔다. 그러나 가까이 있을 때의 고통 때문에 또 어쩔 수 없이 떨어졌다. 이렇게 모였다가 떨어지고, 떨어졌다가 모이고 하면서 추위와 찔리는 아픔 사이에서 몸부림쳤다.

결국 고슴도치들은 서로 따뜻하면서도 서로 찔리지 않는 적당한 거리를 찾아냈다.

개인도 국가와 마찬가지로 상호간에 적당한 넓이의 자연적인 경계선, 아니 상당한 완충지대를 가져야 한다.(헨리 데이비드 소로우)

사랑과 증오

예전에 여자 친구에게 버림받은 남자가 친한 친구에게 여자 친구에 대한 나쁜 말을 마구 해댔다. 그런데 뜻밖에도 얼마 지나지 않아 두 남녀는 다시 만났고, 게다가 아주 빨리 결혼했다.

후에 친구를 다시 만난 남자는 매우 부끄러워하면서 예전에 자기가 한 말은 화가 나서 한 말이니 모두 잊어주기를 바란다고 했다.

"내가 이해가 안 되는 것은…… 그때 너는 왜 그렇게 그녀를 미워했니?" 친구는 이해할 수 없다는 듯이 물었다.

"미워서 그런 게 아니야. 어떻게 그녀를 잊을 수 있겠니? 미워해야 내가 살 수 있었던 거지."

사랑 – 그 수단에서는 남성과 여성의 싸움이고, 그 근저에서는 남성과 여성의 목숨을 건 증오이다.(니체)

어머니의 지혜

일곱 살 된 남자아이가 놀다가 큰 나무 위로 기어 올라갔다. 점점 더 높이 올라가다가 아래를 쳐다본 아이는 깜짝 놀라서 큰소리를 질렀다.

이 위험한 순간에 그의 엄마는 아이를 구할 지혜를 짜냈다. 그녀는 다른 나무의 가지를 하나 꺾어서 소리 높여 말했다.

"지금 바로 얌전히 내려와라. 만약 떨어지면, 엄마가 엉덩이에 불이 나도록 때려줄 거야."

2분도 되지 않아서 아이는 안전하게 내려왔다.

한 사람의 훌륭한 어머니는 백 사람의 교사에 필적한다.(J.F.헤르바르트)

하늘의 뜻을 어찌 알리오?

두 농부가 소나무 아래에 앉아서 쉬고 있었다. 그중 한 사람이 호박밭을 보다가 커다란 호박이 가는 넝쿨에서 자라는 것을 보았다.

"하느님은 왜 이렇게 큰 것을 이렇게 가늘고 작은 넝쿨에서 자라게 하시는 걸까? 이건 별로 합리적이지 않아."

그리고 다시 말했다.

"만약 하느님이 있다면, 왜 이렇게 작은 솔방울을 이렇게 큰 나뭇가지에서 자라게 하시지? 이 나뭇가지는 몇십 명의 몸무게도 충분히 견디잖아. 만약 내가 하느님이라면, 나는 호박을 소나무에서 자라게 할 거야."

이렇게 말하고 있을 때 갑자기 바람이 불어와 몇 개의 솔방울이 그들 머리 위로 떨어졌다. 다른 농부가 말했다.

"호박의 무게가 아니라서 다행이다."

두 사람은 서로 바라보며 웃었다.

사람이 이리저리 분주하여도 그를 인도하는 것은 하느님이다. (페스론)

오십 보 백보

옛날에 나쁜 일을 많이 한 강도가 결국 잡혀서 사형을 선고받았다. 형이 집행되기 전에 강도는 국왕 앞에 나가 애원했다.

"국왕 폐하! 저는 죄인으로 죽어 마땅하지만, 저희 집에는 조상 대대로 전해오는 황금 씨앗이 있습니다. 제가 죽어버리면 아는 사람이 없어지니, 국왕께 심으시라고 드리고자 합니다. 아주 많은 황금 열매를 열어서 폐하의 재산에 큰 보탬이 될 것입니다."

"이 바보 같은 놈! 네게 진짜 황금 씨앗이 있다면, 왜 직접 심어 기르지 않고 남의 돈을 훔쳤느냐?"

"국왕께 말씀 올립니다. 이 황금 씨앗은 매우 특별해서 반드시 죄가 없는 사람이 심어야 합니다. 저는 많은 죄를 저질렀기 때문에 심을 수가 없었습니다."

국왕은 주위의 신하들을 둘러보면서 누가 황금 씨앗을 심을 수 있는지 물었다. 신하들은 서로 얼굴만 쳐다보며 모두 심을 수 없다고 했다. 이때 강도가 울며 말했다.

"국왕 폐하! 시비를 가려주시기 바랍니다. 모두들 죄가 있다고 인정했는데 어찌하여 저만 죽어야 합니까."

어떤 죄도 한 남자, 한 여자에 의해 범해지는 것이 아니다. 모든 죄는 모든 사람에 의해 범해지는 것이다. (지브란)

점이란?

　세 학생이 함께 시험에 응시했다. 시험결과가 궁금해진 그들은 똑같이 돈을 내서 점쟁이에게 물어보기로 했다. 그 점쟁이는 한 마디도 하지 않고 단지 손가락 하나만 그려주었다.

　시험결과가 발표되었는데, 과연 점쟁이의 예상대로 세 사람 중 한 명만 합격했다. 그들은 점의 정확성에 탄복해서 선물을 갖고 점쟁이를 찾아갔다.

　"당신은 어떻게 우리 세 사람 중 한 명만 합격할 줄 알았나요?"

　"그건 간단해요." 점쟁이가 말했다. "나는 손가락 하나를 그렸는데, 세 사람 중 한 명만 합격한다는 뜻입니다. 만약 두 사람이 합격하면, 손가락 하나는 떨어진 하나를 의미하고, 만약 모두 합격하면 손가락 하나는 모두 합격한다는 의미이고, 모두 떨어지면 역시 손가락 하나는 모두 떨어진다는 뜻이죠!"

점쟁이는 예언한다, "아들이 아니면 딸"이라고. (마다가스카르 속담)

열쇠

창고의 문에 튼튼한 자물쇠가 있었다. 거칠고 커다란 쇠방망이는 자신의 솜씨로 이 자물쇠를 열 수 있다고 생각했다. 그러나 비틀고 두드리면서 온갖 애를 썼지만 자물쇠는 열리지 않았다.

이를 본 쇠톱이 자신이 해보겠다고 나서서 왼쪽으로 밀고 오른쪽으로 당기며 톱질을 했지만 자물쇠는 끄떡도 하지 않았다.

이때 보잘 것 없는 열쇠가 조용히 나타났다. 납작하고 구불구불하고 바람도 이겨내지 못할 듯이 약한 모습이었다. 그러나 그가 자물쇠 구멍을 뚫고 들어가자 그 견고한 자물쇠는 이내 열렸다. 쇠방망이와 톱은 이해할 수 없다는 듯이 물었다.

"너 어떻게 한 거니?"

열쇠가 부드럽게 대답했다.

"그의 마음을 내가 가장 잘 알기 때문이죠."

'이해'야말로 가장 신비한 열쇠이다.

용서

　한 아이가 수업을 마치고 집으로 돌아왔는데, 온 몸에 진흙이 묻고 옷은 다 찢어져 있었다.

　"무슨 일이니?" 엄마가 놀라서 물었다.

　"우리 반 잭은 언제나 약한 친구들을 놀려요. 오늘 또 여학생을 괴롭히기에 제가 몇 마디 했어요."

　"그래서 어떻게 됐니?" 엄마가 다급하게 물었다.

　"그 애가 제게 참견한다고 욕을 하면서 나를 교실 밖으로 끌어내 한 대 때렸어요."

　"그럼, 넌……."

　"전 이미 응당한 보복을 했죠." 아이가 웃으며 말했다.

　"그 애를 때려줬단 말이니? 넌 태권도를 익힌 고수야, 만일……."

　"아니에요!" 아이가 기쁘게 말했다. "전 그를 용서했어요!"

　우리는 원수를 사랑할 만한 성자는 아닌지 모른다. 그러나 적어도 우리의 건강과 행복을 위해 원수를 용서하고 잊어버리자. 그것이 바로 현명함이다.(A.카네기)

　사람은 사랑하고 있는 한 용서한다.(라 로시푸코)

인생의 의의

한 젊은이가 인생이 무의미하다고 느껴서 자살하기로 했다. 그가 밧줄을 가지고 나무에 올라가 목을 매려고 하자 나뭇가지가 말했다.

"선생, 부탁하겠소. 한 쌍의 새 둥지가 내 가지 위에 있다오. 만약 당신이 내 가지에 목을 매달면 나는 부러질 것이고, 새 둥지도 땅에 떨어져 깨질 것이오. 그 새들을 불쌍히 여겨주세요!"

젊은이는 이 나뭇가지의 사랑하는 마음을 이해하고 좀 더 높은 다른 가지로 갔다. 그러나 그 가지도 이야기를 했다.

"용서해주세요! 꿀벌 떼와 나비가 종종 날아와서 놀기도 하고 꿀을 따가기도 한답니다. 그것은 저의 가장 큰 즐거움이에요. 만약 당신이 내 몸에 매달려 죽으면 당신의 무게가 나를 휘게 만들고, 나의 꽃들도 다 떨어질 거예요. 그러면 꿀벌과 나비들이 무척 실망할 거예요."

젊은이는 묵묵히 세 번째 나뭇가지로 갔다.

"저도 용서해주세요!" 그가 밧줄을 묶기도 전에 가지가 그에게 애원했다.

"나는 가지를 멀리 쭉쭉 길까지 뻗어갈 거예요. 피곤한 여행객들에게 그늘을 만들어드리기 위해서죠. 이게 그나마 내가 할 수 있는 능력이랍니다. 만약 당신이 내 몸에 매달리면 나는 부러지고 말아요. 내 이 마음을 뺏어가지 마세요.”

세상을 미워하던 젊은이는 스스로에게 물었다.

“나는 왜 자살하려고 하지? 이 나뭇가지들을 본받아서 내 생명을 바쳐 다른 사람들을 돕고, 다른 사람들을 보호하고, 다른 사람들을 위해 봉사하고, 다른 사람들을 즐겁게 할 수 없는 것인가?”

그는 이 세 개의 나뭇가지에서 나온 작고 가는 가지를 잘라 집으로 돌아갔다. 그리고 평생 이 작고 가는 가지를 간직하면서 그 정신을 잊지 않았다.

최선을 다하지 않고 템스 강에 투신하는 사람이 많다.(A. 에스키로스)

쥐와 낙타

어느 날 낙타가 지나가는 모습을 쥐가 보았다. 쥐는 낙타의 고삐가 땅에 끌리자 고삐를 잡았는데, 선천적으로 착한 낙타는 쥐가 고삐를 잡아도 저항하지 않았다. 쥐는 빠른 걸음으로 낙타 앞에서 걸어갔는데 마치 낙타를 끌고 가는 것 같았다. 이 작은 '낙타 몰이꾼' 쥐는 이렇게 말했다.

"나는 사람들이 생각하는 것보다 훨씬 강하다!"

길을 가는 도중에 쥐는 자신이 다른 쥐들과 경쟁하고 승리한 이야기를 낙타에게 끝없이 했다. 쥐는 그 전쟁을 '율리시즈의 모험'이라고 부르기까지 했다. 낙타와 쥐는 이런 식으로 몇 시간을 가다가 작은 강에 도착했다. 쥐는 이 천연의 장애물 앞에서 발걸음을 멈추었다. 낙타가 물었다.

"왜 멈추었니?"

"우리 앞의 강을 보지 못했어?"

"무슨 강? 그냥 작은 개천이니 건너가자!"

"뭐라고, 개천? 이 물이 얼마나 깊은지 몰라? 우리 둘 모두 빠져 죽을 수도 있어."

낙타는 자신의 인도자에게 물이 깊지 않다는 것을 증명해보였다. 먼저 한 발을 물속에 들여놓고 다음에 둘째 발, 셋째 발, 넷째 발……. 낙타가 머리를 돌려서 쥐에게 말했다.

"빨리 와! 물은 무릎에도 미치지 않아!"

쥐가 대답했다.

"당신에게 개미만큼 작은 물건도 저에게는 코끼리처럼 크죠. 당신의 등에 날 태우지 않으면 전 개천을 건널 수 없어요."

쥐의 말투는 어느덧 겸손하게 바뀌었다.

겸손은 거만의 해독제이다. (볼테르)

노인과 젊은 의사

한 노인이 젊은 의사에게 갔다.

"기억력이 점점 나빠지고 있어요."

"당신이 늙었기 때문입니다"

"시력도 쇠퇴하고 있어요."

"나이가 들었기 때문이죠."

"등도 아주 아파요."

"역시 늙어서 그래요."

"가장 담백한 음식도 소화하기 힘들어요!"

"연로해서 그렇다니까요."

"숨도 쉬기가 힘들어요."

"예, 알고 있습니다. 당신 나이에서는 정상입니다."

"다리도 움직이기 힘들어요."

"노인네는 어쩔 수 없이 집에 있어야 합니다."

노인은 화가 났다.

"당신은 쓸모없는 자요! 어떤 병에도 오직 한 가지 처방뿐이고, 말은 잘하지만 전혀 소용이 없으니까……."

젊은 의사가 천천히 대답했다.

"당신의 분노와 그 말들도 모두 나이가 너무 들어서입니다."

전문가의 맹점은 오로지 자신의 관점에서만 바라보고 해석하는 것이다.

사람과 개

한 사람이 길가에서 눈물이 그렁그렁해서 울고 있었다. 그의 개는 거의 죽어가고 있었다. 거지가 옆을 지나면서 물었다.

"나의 친구여, 무슨 불행한 일이 일어났는가?"

"나의 개가 거의 죽어가고 있소. 가장 충실하고 가장 온순하고 가장 좋은 개죠. 나를 도와서 도둑도 잡고 사냥도 했는데……."

"개가 무슨 병에 걸렸죠?"

"굶어 죽어가고 있어요!"

"당신 호주머니에 빵이 보이는데 왜 강아지에게 주지 않나요?"

"이건 내 음식이야! 나의 연민은 한도가 있지. 나는 개를 위해 울 수는 있지만 눈물은 한 푼의 가치도 없어. 하지만 이 빵은 내가 산 것이고 내 것이야."

세상을 살펴보면 이런 황당한 일을 벌이는 사람이 의외로 많다는 걸 알 수 있다. 인간의 이기성은 자신도 모를 만큼 심각하다.

악어의 눈물과 늑대의 웃음

황혼 무렵에 늑대가 나일 강의 강변에서 악어 한 마리를 만났다.

늑대가 악어에게 인사했다.

"선생님, 잘 지내고 있어요?"

악어가 대답했다.

"요즘 고통스럽거나 슬플 때 가끔 눈물을 흘려. 그런데 누구나 고양이가 쥐 생각하는 가짜 울음이라고 하니, 난 말할 수 없이 고통스럽다."

늑대가 악어에게 대답했다.

"내 처지도 비슷해요. 난 세상의 아름다움과 미묘함, 그리고 그 놀라운 기적을 응시하면서 정말로 즐거운 웃음소리를 내고 있지만, 사람들은 누구나 악마의 웃음소리라고 해요."

모든 생명은 자신의 본성에 따라 행동한다. 하지만 인간은 인간의 잣대로 그들의 행동을 재단한다.

국왕과 민주주의

어느 왕국의 백성들이 왕궁 주변에 모여서 국왕을 타도하려고 했다. 국왕은 왕궁의 계단을 내려와서 한 손엔 왕관을 들고 다른 손에는 권력의 지팡이를 들고 있었다. 자신의 위엄 앞에 모든 사람들이 조용해지자 국왕이 말했다.

"친구들이여, 당신들은 이미 나의 백성이 아니다. 나는 왕관과 권력의 지팡이를 너희에게 줄 것이고, 나 역시 너희들 중의 한 사람이 될 것이다. 나는 그냥 보통사람으로 너희들과 마찬가지로 일을 하겠다. 그러면 우리 국운은 더욱 흥할 것이다. 우리는 국왕을 필요로 하지 않는다. 우리 모두 손을 잡고 밭과 포도원에 가서 일하자. 나도 그곳에서 일할 것이다. 지금은 당신들 모두가 국왕이다."

사람들은 매우 경악했다. 그리고 아무도 말이 없었다. 점차 사람들은 각자 떠났고 국왕은 그중 한 사람을 따라갔다.

국왕이 없는데도 왕국의 상황은 별로 나아지지 않았고 온 나라가 불평불만으로 가득 찼다. 결국 사람들은 시장에서 이구동성으로 큰소리를 질렀다.

"우리는 국왕이 필요하다."

사람들이 국왕을 찾아가보니 왕은 밭에서 힘들게 일하고 있었다. 그들은 국왕을 다시 모시면서 왕관과 권력의 지팡이를 돌려주었다. 그리고 국왕에게 말했다.

"당신이 권력과 정의로 우리를 통치해주십시오."

국왕이 말했다.

"나는 확실히 권력으로 여러분을 통치할 것이다. 나아가 천하의 신들도 정의로 여러분을 통치하는 것을 도와주리라."

어느 날 남녀 군중들이 국왕에게 와서 한 남작이 자신들을 노예처럼 학대한다고 고소했다.

국왕은 즉각 남작을 불러들여서 말했다.

"신의 저울에서는 모든 사람의 생명이 똑같이 중요하다. 당신을 국경 밖으로 추방하니 영원히 이 나라를 떠나라."

며칠 후에 또 다른 사람들이 국왕에게 고소했다. 산 저편에 있는 잔인한 백작 부인 때문에 아주 비참한 날을 보내고 있다고 했다. 백작 부인은 신속히 소환되었고, 국왕은 그녀를 추방한다고 선포했다.

"우리의 밭에서 농사를 짓고 우리의 포도원을 보살피는 사람들은 우리보다 고귀하다. 우리는 그들이 준비한 빵을 먹고 그들이 담근 포도주를 마신다. 하지만 당신은 이 점을 모르고 있으니, 이 땅을 떠나 영원히 돌아오지 말라."

또 한 사람이 국왕에게 주교가 교회를 지으면서 자신들에게 돈을 지불하지 않았다고 고소했다. 국왕이 주교를 불러서 말했다.

"당신이 가슴에 달고 있는 십자가의 뜻은 베풂이다. 하지만 당신은 생명을 학대했으니 이 나라를 떠나 영원히 귀국하지 말라."

한 달 내내 백성들은 자신들이 받고 있는 고난을 왕에게 호소했다. 그리고 국왕에 의해 매일 한 명의 억압자가 추방당하자 백성들은 매우 놀라면서도 즐거워했다.

어느 날 모든 백성들이 국왕의 보탑 앞에 모여서 국왕을 불렀다. 국왕은 한 손에 왕관을 들고 다른 손에 권력의 지팡이를 들고 내려왔다. 국왕이 그들에게 물었다.

"내게 또 어떤 요구가 있는가? 보라, 당신들이 바란다면 이것들도 돌려줄 수 있다."

백성들이 대답했다.

"아니, 아닙니다. 당신은 우리들의 국왕입니다. 왕께서 나라 안의 독사를 없애고 늑대를 멸했기에 감사의 뜻을 표하려고 왔습니다. 장엄한 왕관은 당신 것이고 영광스런 권력의 지팡이도 당신 것입니다."

"아니다, 아니야. 너희들 자신이 바로 국왕이다. 너희들이 내가 나약하고 실정失政했다고 생각하면 바로 너희들도 나약하고 실정한 것이다. 지금 국운이 번성한 것도 너희들의 뜻이 그렇기 때문이다. 나는 그냥 너희 모든 사람들 가슴속의 하나의 염

원일 뿐이고, 나는 너희들의 행동 속에서만 존재한다. 소위 통치자는 존재하지 않는다. 피통치자만 존재하면서 그들 자신을 통치하는 것이다.”

그리고 국왕은 자신의 왕관과 권력의 지팡이를 들고 보탑으로 들어갔다. 백성들도 만족해서 각자 집으로 돌아갔다.

모든 사람들이 스스로 국왕이라 생각하면서 한 손에 왕관을 들고 다른 손에 권력의 지팡이를 들고 있었다.

민주주의라고 명명할 수 있는 것은 공익에 대한 사랑의 정신이다.(랠프 왈도 에머슨)

무엇을 썼는가?

한 사람이 다른 사람에게 말했다.

"옛날에 밀물이 들어올 때 나는 지팡이로 모래사장에 글을 한 줄 썼다. 사람들은 오늘도 발걸음을 멈추고 이 글을 보면서 글자들이 바닷물에 씻기지 않도록 조심하고 있다."

다른 사람이 말했다.

"나도 모래사장에 한 줄의 글을 썼다. 하지만 당시는 썰물이라서 파도가 바로 씻어 가버렸지. 당신은 무슨 글을 썼는가?"

첫 번째 사람이 대답했다.

"나는 이렇게 썼다. '나는 바로 여기에 존재하고 있다.' 당신은 무엇을 썼는가?"

다른 사람이 대답했다.

"나는 이렇게 썼다. '나는 이 드넓은 바다 속의 작은 물방울이다.'"

작은 물방울이 바다로 들어가면 바다와 하나가 된다. 즉, 바다가 그인 것이다.

쾌락과 슬픔

오월의 어느 날, '쾌락'과 '슬픔'이 호숫가에서 만났다. 둘은 서로 인사를 하고 조용히 한담을 했다. '쾌락'은 모든 아름다운 일들, 숲과 산에서 매일 발생하는 기이한 일들, 그리고 여명과 황혼에 들은 노래에 대해 이야기했다. '슬픔'도 '쾌락'이 말한 것에 모두 동의했다.

이렇게 '쾌락'과 '슬픔'은 오랫동안 이야기를 나누면서 자신들이 알고 있는 일에 대해 모두 동감했다.

얼마 후에 두 사냥꾼이 호수의 다른 쪽을 지나고 있었다. 호수의 맞은편을 보던 그중의 한 명이 말했다.

"저기 있는 두 사람은 누구지?"

다른 사람이 대답했다.

"너는 두 사람을 보았어? 난 한 사람밖에 보지 못했는데."

"분명히 두 사람이야."

"난 한 사람만 보았어. 물에 있는 그림자가 나머지 한 사람이야."

"아니야, 두 사람이야. 물 위의 그림자도 두 사람이야."

"나는 한 사람만 보았어."

"하지만 나는 분명히 두 사람을 보았어."

오늘날까지도 한 사람은 다른 사람의 눈이 이상하다고 하고, 다른 사람은 친구의 시력에 문제가 있다고 한다.

*

평소에 늘 행운을 기원하는 남자에게 어느 날 아름다운 행운의 여신이 나타났다. 남자가 뛸 듯이 기뻐하면서 안으로 모시려 하자, 행운의 여신이 말했다.

"잠깐, 내게 동생이 하나 있는데 언제나 함께 다니고 있어요."

그러면서 뒤에 서 있는 동생을 소개했다. 남자는 동생을 보고 깜짝 놀랐다. 행운의 여신과는 달리 너무나 못생겼기 때문이었다. 남자가 물었다.

"정말로 당신의 친동생입니까?"

"예, 저의 친동생으로 불행의 여신이라고 합니다."

"당신만 들어오고 동생은 돌려보낼 수 없나요?"

"그건 불가능해요. 난 언제나 동생과 함께 다니죠. 서로 떨어질 수가 없습니다."

행복이란 자기 영혼을 훌륭하다고 느끼는 데 있다. 이것 외에 이른바 행복이란 없다. 그러므로 행복은 비탄이나 회환 속에서도 존재할 수 있다. 참다운 행복 온전한 행복은 마음 전체의 영혼 속에 존재한다. (J.주베르)

역설적인 정의

역설적인 정의는 금언이나 잠언보다 오히려 명상의 재료가
된다. 독자들은 이 정의를 다양한 방식으로 해석할 수 있다.

기자	쥐구멍을 지키는 고양이
질병	죽음의 전령
채무자	곤경에 빠진 당나귀
공동체	불가능한 것에 대한 희망으로 결속된 불합리한 사람들
인내	실망한 사람들을 위한 후원자
신의 칼	가난한 사람들의 텅 빈 뱃속
근심	불필요한 병을 만드는 것
거울	자신의 얼굴을 비웃을 수 있는 수단
약	무식한 사람들이 맛볼 수 있는 신비로운 체험의 근원
시험	예기치 않는 고난
가난	결혼의 결과
지성인	기술을 모르는 사람
참회자	즐길 수 없게 만들어진 사람
지혜	정확히 알지 않고도 터득할 수 있는 것
바보	부정직한 사람한테 정직하게 대하는 사람

용기 있는 사람   시험을 추구하는 사람

친구   중요한 자원

감성주의자   신성을 체험했다고 생각하는 사람

시인   긍지가 있는 거지

후원자   어떤 말이라도 하려는 사람

뇌물   법의 대용물, 즉 정의의 대용물

진실한 사람   모든 사람이 은밀히 적으로 간주하는 사람

아첨꾼   사업에서 가장 촉망받는 사람. 언제나 활기에 차 있음.

신봉자   믿을 것은 믿지 않고 엉뚱한 것만 믿는 사람